LE ROI D'ESPAGNE

LE

ROI D'ESPAGNE

PAR

APARISI Y GUIJARRO

(TRADUIT DE L'ESPAGNOL)

PARIS

IMPRIMERIE JOUAUST

338, RUE SAINT-HONORÉ

1869

PRÉFACE

La brochure de M. Aparisi a déjà été signalée dans deux articles de *l'Univers*. Le début du premier (7 avril) nous paraît propre à faire connaître le but et la portée de cet écrit, et nous nous bornons à le reproduire :

« Les lecteurs de *l'Univers* connaissent déjà M. Aparisi pour un des plus grands orateurs catholiques de l'Espagne moderne. Sa voix éloquente rappelle celle de Donoso Cortes; ses principes religieux et politiques sont exactement les mêmes que ceux de son illustre devancier, et en lisant la brochure que M. Aparisi vient d'intituler : « Le roi d'Espagne, » on serait presque tenté de croire que le marquis de Valdegamas adresse encore d'outre-tombe un dernier discours à sa pauvre et désolée patrie.

« Les conclusions de M. Aparisi sont carlistes, et Donoso Cortes avait défendu les droits de la reine Isabelle ; mais la contradiction est ici plus apparente que réelle. Pas plus que Donoso Cortes, M. Aparisi n'était carliste ; tous deux n'ont jamais été guidés que par leurs sentiments de foi et leur amour, pour l'Église d'abord, et pour leur patrie ensuite. Les questions dynastiques n'ont jamais été considérées par eux que comme des questions secondaires : sauver l'Espagne, et la sauver par le catholicisme, a toujours été le but unique de leur noble ambition. Au point de vue du droit, il est permis de discuter les titres des deux branches espagnoles de la maison de Bourbon ; toutes deux ont eu des partisans convaincus, et sous ce rapport il n'y a pas la moindre comparaison à établir entre Isabelle II, par exemple, et le roi Louis-Philippe.

—Mais les côtés épineux de la question *légale* n'en donnent que plus d'importance au fait.

« Assurément, M. Aparisi ne se serait jamais rallié à un mouvement carliste contre la reine Isabelle *régnante*. Aujourd'hui que l'Espagne est livrée à l'anarchie, à la veille d'une guerre civile inévitable, et après laquelle l'unique espoir de salut pour l'Espagne serait de la voir gouvernée non par une femme ou par un enfant, mais par un homme et surtout par un Espagnol, M. Aparisi s'est demandé si cet homme existait. Il a quitté son pays, à la recherche d'un roi digne de l'être et capable d'apporter un peu de bonheur à sa triste patrie. Le chemin qu'il avait à suivre était tout indiqué, puisque, parmi les nombreux candidats à la couronne de Ferdinand et d'Isabelle, il n'y en a qu'un qui soit à la fois Bourbon, Espagnol et majeur; mais ce candidat serait-il à la hauteur d'un rôle aussi grand et aussi difficile à remplir? — La brochure dont nous venons d'indiquer le titre contient la réponse de M. Aparisi à la question que lui-même s'était posée, le cœur rempli d'angoisses.

« Cette réponse ne renferme donc que l'opinion

d'un homme, et c'est peu en apparence; mais l'éclat du talent de l'auteur, et mieux encore sa qualité de catholique bien connu, son désintéressement au-dessus de tout soupçon, enfin l'impartialité un peu hautaine avec laquelle il s'est mis en route pour voir avant de se prononcer, font de cette opinion et de sa publication un véritable événement. La personnalité de M. Aparisi ressort bien vivante et bien tranchée de l'exposé qu'il fait de sa manière de voir; on reconnaît à chaque ligne son caractère énergique et fort, son âme élevée et convaincue; on sent palpiter son cœur ardent et fier, et l'élévation de ses vues relève singulièrement ce qu'il est obligé de dire de lui-même à propos d'une question d'un intérêt si vaste. »

Voici la conclusion du dernier article de *l'Univers :*

« La conclusion de l'œuvre de M. Aparisi ressort trop clairement de tout ce qui précède pour qu'il soit nécessaire d'en dire davantage. Le député catholique, devenu carliste parce qu'il croit avoir trouvé dans l'avénement de Charles VII la fin la plus désirable des malheurs de sa patrie, s'adresse respectueusement à la reine détrônée :

« S'il n'écoutait que son cœur, dit-il, il aimerait « à devenir le courtisan de cette majesté tombée « et à la consoler dans sa solitude; mais il serait « cruel de flatter ses illusions et ses espérances, « qui, si elle en a, sont destinées à être déçues... « Il y a en Espagne un peuple catholique et un « peuple révolutionnaire : le peuple révolution- « naire a chassé et insulté la reine, il ne viendra « pas la chercher; le peuple catholique la plaint et « la respecte, mais il ne peut pas la rappeler, il a « désormais son roi...

« Inclinons la tête, respectons les décrets de « la Providence, et... pardonnez, madame, par- « donnez ces paroles à un homme qui croit avoir « le droit de vous les dire. A l'heure où les mai- « sons des grands de vieille race et celles des « grands que vous aviez créés se paraient le jour « et s'illuminaient la nuit en signe de réjouissance

« après votre départ, le modeste balcon de ma pau« vre demeure est resté, chaque jour, dans un « abandon suspect et, chaque nuit, dans une sé« ditieuse obscurité; puis, quand la révolution « triomphante fit taire la voix de vos amis et que « plumes et burin s'abaissèrent jusqu'à insulter en « vous la femme, l'épouse et la mère, moi seul, ou « au moins moi le premier, j'ai osé prendre la pa« role pour défendre la dame offensée et la reine « outragée; car il est vrai que vous avez un cœur « bon, pieux et noble...

« ... Mais il est impossible de songer, soit à la « restauration d'Isabelle, soit à la proclamation de « son fils, enfant de onze ans...

« ... Imaginez la meilleure des régences, et, au « bout de trois mois, vous aurez la république. »

« On le voit, la conviction où est l'auteur qu'il a trouvé « le roi d'Espagne » ne le rend ni injuste ni cruel pour la souveraine au retour de laquelle il ne croit plus. Il déteste autant qu'Isabelle elle-même la révolution dont elle est victime, et il n'a pas moins de mépris qu'elle-même pour les traîtres qui se sont soulevés « contre le budget de l'État » et qui livrent l'Espagne au pillage. Seulement, quand la révolution finira, elle devra disparaître complétement avec tout cet encombrement de libéralisme et de parlementarisme que la reine constitutionnelle était contrainte de traîner après elle. Il faut un homme et il faut un Espagnol pour nettoyer les étables d'Augias, et M. Aparisi semble bien convaincu que cet homme existe.

« B. D'AGREVAL. »

LE ROI D'ESPAGNE

LE ROI D'ESPAGNE

I

Je voulais écrire un livre; mais qui lit un livre par les jours que nous traversons?

Timorés, consternés, nous ne cheminons pas; mais, enveloppés par le tourbillon des événements, nous nous précipitons sur le triste chemin de la vie, demandant sans cesse : « Qu'y a-t-il ? » tournant de tous côtés nos regards inquiets et tendant une oreille attentive à la moindre rumeur.

Un article de journal ne suffirait pas pour remplir le but que je me propose. J'écrirai donc quelques pages aussi sincères que la fierté de l'esprit qui parvient à sonder la vanité des choses humaines, et aussi tristes qu'est l'âme qui respire sous un ciel qui n'est pas celui de la patrie.

Je suis convaincu que je puis écrire ces lignes sans violer

en rien les lois de mon pays, car je condamne la révolution et les hommes qui ont imaginé de la diriger; mais je n'excite pas à la guerre civile et j'attends le remède à nos maux de la miséricorde divine et de l'amour du peuple espagnol pour la foi de ses pères et le trône de ses rois légitimes.

En commençant ces pages, je me sens embarrassé et confus, parce que j'ai aussi à parler de moi; et Dieu sait que, s'il y a une chose qui me répugne dans le monde, c'est de m'assimiler à l'acteur qui se présente en scène pour attirer sur lui les regards et l'attention de l'auditoire.

Cette répugnance de ma part n'est pas de la modestie. J'ai beaucoup parcouru le monde, et je n'ai jamais eu le bonheur de rencontrer cette dame. Je sais aussi qu'elle ne demeure pas chez moi.

Peut-être cette répugnance est-elle de la hauteur; mais il y a une hauteur qui se fait pardonner; il y a une hauteur qui tient beaucoup à ne flatter ni offenser personne, qui loue volontiers les autres, qui prône peu sa propre intelligence ou son pauvre savoir, mais qui présume beaucoup de son propre cœur. Elle ne craint pas de le mettre au-dessus des intérêts et des pompes humaines; et, après l'avoir ainsi élevé, elle ne confie ni sa paix ni le bonheur de sa vie à l'opinion des multitudes, toujours changeantes et sujettes à l'erreur; elle se contente du témoignage que lui rend sa conscience sous les yeux de Dieu.

Ma conscience me dit que je pourrai écrire une œuvre littérairement mauvaise, mais j'espère faire une action moralement bonne. Si je parle de moi, Dieu m'est témoin que je ne le ferai qu'à contre-cœur et avec anxiété, mais je le ferai.

...Je parlerai de moi, parce que j'en suis venu à croire

qu'en rendant compte à mes lecteurs de mes pensées les plus intimes et en ouvrant pour ainsi dire mon cœur devant eux, je serai cru par eux plus facilement. Or, j'ai un intérêt, un incomparable intérêt, à ce qu'ils me croient, car, malgré mon peu de valeur, je pourrais ainsi faire un peu de bien, beaucoup peut-être, à ma patrie, à cette patrie que mon cœur aime, cette pauvre patrie qui se meurt.

Je crois fermement que presque tous ceux qui me liront croiront à ma véracité; car, comment mon âme pourrait-elle s'abaisser jusqu'au mensonge? Et qui donc pourrait me payer un mensonge, et avec quoi pourrait-on me le payer? Je ne demande rien à personne, ni au roi, ni au peuple, si ce n'est la justice qui nous est due à tous, la liberté de travailler honorablement, et les huit pieds de terre que l'on ne peut refuser à mon cadavre.

Vous êtes véridique, pourront me dire quelques-uns; mais qui prouve que vous êtes impartial et que l'esprit de parti ne vous aveugle pas? L'esprit de parti? Et quand donc moi, l'ennemi des partis, ai-je été homme de parti? La passion! c'est possible, et sur ce point je ne puis présenter aucun garant, mais je puis dire, étant éveillé et nullement endormi, que sans doute Dieu a voulu qu'il n'y eût pas d'homme, de ceux qu'on appelle *publics*, qui, par les circonstances spéciales de sa vie, se trouvât dans des conditions à pouvoir se montrer plus impartial et moins ébloui que moi..., ce que je ne regarde d'ailleurs ni comme un mérite, ni comme un bonheur.

Écoutez-moi quelques moments, et vous jugerez.

J'évoque les souvenirs des premières années de ma vie, et je puis répéter, sans en retrancher un *iota*, ce que j'en ai dit en arrivant aux Cortès du royaume:

« J'étais presque enfant, dis-je, quand retentit un cri joyeux annonçant que l'aurore de la liberté venait de poindre à l'horizon de l'Espagne. Tous les cœurs palpitèrent, et, je le confesse, le mien se réjouit aussi : je m'imaginai que c'était l'aurore d'un jour heureux pour l'Espagne. Des prophètes de bonnes nouvelles nous montrèrent un chemin semé de fleurs et embelli par des eaux courantes ; au bout de ce chemin, ils nous faisaient entrevoir une terre promise. Mes maîtres les plus respectables, mes parents les plus chers, mes amis les plus intimes s'élancèrent sur cette route bénie, entraînés par l'espoir du bonheur.

« Pour moi, je l'avoue, je ne pus me résoudre à y mettre le pied ; car, grâce à je ne sais quel instinct mystérieux, il me parut que nous allions non pas réformer (ce dont nous avions bien besoin), mais détruire ; il me sembla que notre œuvre n'était pas animée de l'esprit espagnol, religieux, monarchique, libre, celui qui s'asseyait dans les Conciles de Tolède, qui parlait dans les Cortès de Castille, qui respirait dans les *fueros* d'Aragon et de Valence, mais bien d'un esprit français, sceptique et moqueur, matérialiste et révolutionnaire ; de cet esprit qui ne sut jamais donner la liberté à sa patrie, mais qui se fit bourreau sous Robespierre, esclave sous Napoléon, impuissant et corrupteur sous Louis le Prudent. »

Je devins avocat, et il est notoire que, libéraux et non libéraux, tous furent reçus chez moi avec une égale cordialité et défendus avec le même zèle et le même désintéressement.

Quelques libéraux savent que si dans la bonne fortune ils ont eu en moi un ami, dans la mauvaise ils trouvaient un frère.

J'ai éte député, et si je serrai affectueusement la main de personnes qui soutenaient des principes que j'aime toujours, je serrai aussi affectueusement la main d'hommes qui soutenaient le contraire. Rivero, Sorni et Figueras entre mille peuvent en témoigner.

Je n'ai éprouvé aucun dommage personnel de la Révolution ; mais je n'ai voulu recevoir, non plus, aucune faveur du libéralisme.

Dans ma vie déjà assez longue, j'ai accompagné plus d'un ami à la prison ; mais jamais je n'y suis entré.

A l'âge de dix-sept à vingt ans, j'ai parcouru les rues et les places séditieuses de Valence ; dans les premiers jours d'octobre dernier. je me suis promené dans les rues et les places pleines des clameurs de la foule à Madrid. Jamais je n'ai entendu une parole d'insulte ni remarqué qu'on fixât sur moi un regard insolent.

Politiquement parlant, je puis répéter à l'égard des libéraux les paroles de Tacite : *Nec beneficio nec injuria cogniti.*

Dieu a voulu que je puisse en dire autant de cette sainte société qui est et sera essentiellement contraire au libéralisme, comme elle est et sera essentiellement amie de la liberté.... Je me trompe, ou, du moins, je m'exprime mal : je dois beaucoup, je dois tout à l'Église, qui donne à tous l'eau sainte, par laquelle elle nous fait enfants de Dieu, et la parole divine, règle de notre cœur et lumière de notre esprit. Je parlais seulement des grâces, honneurs et récompenses matérielles.

Je me rappelle avoir dit aux Cortès, en m'adressant à M. Rivero : « Moi aussi, je suis enfant du peuple et j'aime le « peuple.. ; je suis monarchiste, mais de ceux qui ont le tort « de penser, et le tort, plus grand peut-être, de dire qu'ils « sont résolus à n'accepter aucune faveur d'aucun roi, si « ce n'est d'un roi détrôné. »

Aujourd'hui j ajoute : « Pas même d'un roi détrôné ! »

Il y a une maladie qui s'appelle l'*inappétence de l'esprit*

Ne demandez pas à celui qui en est atteint s'il veut quelque chose, car il ne désire rien. Il regarde autour de lui et voit de la vanité jusque dans les pompes royales; vanité et misère en tout, parce que tout est assombri par le voisinage de la mort. Il se concentre en lui-même, il se fixe en son propre cœur, et, sondant son vide immense, il jette un cri d'épouvante... Dans mon cœur, grâce à Dieu! il reste, parmi beaucoup de misères, une charité immense, et dans aucun de ses plis ne se cache la moindre haine... Mon esprit sait définir la haine; mon cœur ne la connaît pas.

Je relis les lignes que je viens d'écrire, et je me demande si je devrais les effacer. Je sais tout ce qu'on en pourra penser et dire... N'importe : qu'on me les pardonne, bien qu'elles contiennent beaucoup de mouvements d'orgueil. En les mettant au jour, je me châtie moi-même; et je le fais parce que, pensant à haute voix et mettant mon cœur à découvert, on me croira plus facilement; et j'ai déjà dit que j'ai un immense intérêt à ce que l'on me croie, car, dans ce cas, avec mon peu de valeur personnelle, je pourrais faire quelque chose et peut-être beaucoup en faveur de ma patrie tant aimée, de cette pauvre patrie qui se meurt.

II

En arrivant aux Cortès, je pus dire sans affectation et avec vérité que j'avais accueilli mon mandat de député « comme on accueille un hôte distingué, mais importun et gênant. »

Rien de ce que je vis alors ne m'étonna, mais je sentis avec plus de force la fausseté essentielle et la corruption sans mesure de ce qu'on appelle le système parlementaire.

En ce moment venait de se présenter sur la scène politique, uni en apparence et compacte, le célèbre bataillon de l'union libérale. A sa tête se trouvait un capitaine illustre (1) qui défiait, en souriant, l'assaut d'une de ces oppositions qui finissent par tout ébranler, et celui du temps, qui dévore tout.

(1) Le maréchal O'Donnel.

Cet homme était à l'aurore de sa gloire, et son étoile brillait dans un ciel désert.

Il vécut cinq années, mais il eût succombé dès la troisième sans la courte et glorieuse expédition d'Afrique. Les eaux de Tanger lui portèrent bonheur.

A l'ombre de l'union libérale, mariage que le ciel ne pouvait bénir, pendant que le chef s'efforçait d'adoucir des rancunes et de terminer ou détruire des discordes intérieures, attentif seulement aux nécessités, aux plaintes et aux intérêts de son parti, un homme éminent organisait le parti progressiste, et la démocratie semait de toutes parts les doctrines qui enivrent les cœurs et égarent les esprits.

Dès le premier jour on aperçut à l'horizon la légère nuée qui devait devenir tempête, et on entendit, quoique lointain encore, le galop des chevaux d'Attila.

Je dis alors simplement ce que je voyais et ce que j'entendais. On me traita de rêveur, de visionnaire, de *néo* (1)... Les grands hypocrites de l'époque m'appelèrent *néo !* Je me ris de l'épithète et je m'indignai de l'hypocrisie. J'étais un pécheur ancien, mais un *vieux* catholique par les quatre côtés. Je n'allai pas aux Cortès pour me grandir, et quand même Dieu m'eût accordé quelque intelligence, je n'eusse eu aucune envie de la faire remarquer. J'aimais la liberté et, à cause de cela, je n'appartenais à aucun parti ; car, qui s'affilie à un parti, peu ou beaucoup, la perd. J'étais enfin un Espagnol, homme de bien comme mon père, qui par des circonstances particulières se trouvait isolé dans les Cortès, et, comme je n'espérais, ni ne craignais, ni ne haïssais, je pouvais dire la vérité ou ce que je jugeais être la vérité.

(1) *Néo-catholique*, surnom donné aux membres du parti catholique en Espagne.

Une seule fois je votai avec dégoût, mais toujours suivant ma conscience.

J'aimais les temps anciens, c'est évident; car, comme je ne suis pas un enfant de l'hospice et que j'ai des parents, j'aime mes parents; en outre, ces temps, malgré leurs vices et leurs tâches, furent grands et bons pour les petits et les pauvres. Mais, ayant le culte des temps antiques, je ne dédaignais pas les progrès et les améliorations des temps modernes, et je suis sûr que l'idée qui vivait dans mon esprit était élevée, et généreux le sentiment qui agitait mon âme.

Je ne rêvais pas. Celui qui rêvait, c'était le comte de Lucena (1). Aujourd'hui encore je ne rêve pas; ceux qui rêvent, ce sont Prim et Serrano et Castelar et Orense.

Ce qu'on regarde comme un rêve sera un jour réalité, et, si Dieu le veut, cela sera bientôt.

Hélas! non, je n'étais pas un visionnaire et je ne méconnaissais pas entièrement le temps présent; je ne pressentais que trop les choses de l'avenir. Mais le malheur était que je ne m'expliquais pas bien ou qu'on me comprenait mal.

Il est nécessaire à mon projet que je transcrive la fin du discours dans lequel moi, le rétrograde et l'obscurantiste, je soutenais que l'employé ne devait pas être député, ni le député employé. Après avoir appuyé cette proposition, fixant mon regard sur l'état général de la société, je disais :

« Ne voyez-vous pas que les temps s'avancent, que les ténèbres s'épaississent, que le jour de la lutte s'approche, et que nous ne pouvons demeurer ainsi misérablement enlacés dans des questions misérables, comme les Grecs du Bas-Empire, qui se disputaient encore pendant que les barbares enfonçaient à coups de haches les portes de la cité?

(1) Le maréchal O'Donnel.

« Le monde se transforme. A la venue de Jésus-Christ, il se fit Romain pour recevoir la nouvelle du salut. Aujourd'hui les chemins de fer, le télégraphe, l'imprimerie, tendent à faire de l'Europe une grande famille, dévorent les distances, mêlent les nations, effacent les caractères distinctifs des peuples; ils préparent ainsi l'espace sur lequel va se livrer peut-être la plus épouvantable bataille dont les siècles aient été témoins. L'Antechrist, selon le livre mystérieux que nous appelons l'Apocalypse, a des millions de soldats qui franchissent les montagnes, qui traversent les murailles, et qui, de toutes parts, nous assiégent et nous épuisent... Je commence à croire que l'antechrist, c'est l'esprit révolutionnaire qui s'est toujours agité dans le monde, mais qui, aujourd'hui devenu géant, tire les dernières conséquences du protestantisme de Luther, du délire de Rousseau et du sarcasme de Voltaire; qui proclame l'homme roi, pontife, Dieu; qui s'écrie avec Proudhon : Je ne reconnais plus de Dieu! la propriété, c'est le vol! le meilleur gouvernement, c'est l'anarchie !

« Cet esprit jette sur vous ses milliers de soldats, c'est-à-dire des idées qui pénètrent jusque dans le secret de vos demeures et qui vont se cacher dans le sein de vos fils. Jusqu'ici, il n'y a que des escarmouches; le jour de la bataille viendra, n'en doutez pas, et il nous trouvera sans défense. Ne vous endormez pas bercés par une vaine sécurité; la nuée que vous voyez est encore imperceptible, mais bientôt elle va couvrir tout l'horizon.

« Il faut prendre les devants. Toutes les questions sociales qui nous menacent peuvent et doivent avoir des solutions catholiques. Opposons à la doctrine qui nous fait rois de la terre, mais des rois misérables, nés de la poussière pour être convertis en pourriture, la doctrine qui nous fait fils de Dieu et nous offre au ciel une couronne. A la doctrine qui tend à détruire les hiérarchies, œuvres de Dieu dans le monde social comme les montagnes sont son œuvre dans le monde naturel, opposons celle qui ennoblit l'obéissance et l'esprit de charité, qui rend les hommes frères et déclare le plus grand d'entre eux celui qui sert les autres....

« Enfin, messieurs, contre la révolution nous avons la religion. Et nous qui repoussons tout ce qu'il y avait de mal dans le passé et qui approuvons tout ce qu'il y a de bon dans le présent; nous qui croyons que la société est hors des voies de Dieu; nous qui voulons que l'Évangile, loi de liberté, anime nos œuvres et vive dans nos lois, nous croyons que l'Europe peut être sauvée et que la société peut se perfectionner et progresser, dans la mesure des forces humaines, par une étroite union avec cette sainte Église qui a vaincu les tyrannies du monde en versant son sang, qui a lutté au moyen âge pour les droits des peuples, et qui dès lors, maintenant et toujours, traverse les âges, couronnée tantôt de gloire, tantôt d'épines, conservant à jamais intact le dépôt de la foi. — L'Église ne possède plus aujourd'hui qu'une croix de bois, mais c'est la croix sur laquelle est mort Jésus-Christ.

« Après m'avoir entendu, vous me qualifierez comme vous voudrez; à toutes les qualifications ou à toutes les injures je me bornerai à répondre que j'aime le bien des hommes et la grandeur de ma patrie. — Appelez-moi... je sais que vous n'en ferez rien, car ce serait indigne de vous; mais que ceux qui voudront m'appellent réactionnaire, absolutiste, néo, toutes ces injures amassées ne parviendront jamais jusqu'à mon cœur. O vous, mes bons messieurs, vous qui m'avez nommé absolutiste et néo, le néo, l'absoliste vous interpelle à son tour. Donnez-moi quelque chose qui soit de la liberté ; donnez-moi quelque chose qui soit la vérité : car j'aime la liberté et la vérité comme on aime l'air et la lumière.

« Mes bons messieurs, donnez la paix à l'Espagne, unissez ses fils, sauvez la société menacée ! Voyez, mes bons messieurs, s'il n'est pas vrai qu'en ce pays plus il y a de lois et plus il y a de corruption ; plus on accumule les formes politiques, et plus il y a de licence ; plus il y a de publicité, et plus il y a d'impudeur. Et..... voilà tout, mes bons messieurs ; mais donnez-moi seulement une chose qui soit vérité, une chose qui soit liberté. »

Le libéralisme ne peut donner ni la vérité ni la liberté : c'était un mensonge, et il continue à être mensonge. Des apparences de liberté dans la capitale, par la licence de la presse et par les cris de la tribune ; une centralisation étouffante dans les provinces pour rendre possibles ces trompe-l'œil ; une tyrannie réelle dans les communes tourmentées par des caprices de mandarins et opprimées par un despotisme de caciques ; chaque gouverneur presque toujours un proconsul : combien de fois a-t-on obtenu justice en Espagne contre les déréglements des gouverneurs ? Et avec tout cela les impôts toujours en augmentation, et en baisse toujours la pudeur ; puis l'idée démocratique, comme c'était naturel, faisant invasion et se répandant dans les classes qui s'appellent *déshéritées*, et qui ne l'étaient pas (je le prouverai dans cet écrit) dans les temps de l'antique *absolutisme*, mais qui l'ont été jusqu'à un certain point dans les temps de la moderne *liberté*.

Cette petite nue qui se montrait à l'horizon allait peu à peu s'étendant dans le ciel. Je donnai alors le premier quelques avertissements, et le congrès fit un sourire de pitié.

Parfois, l'âme blessée et d'un accent presque désespéré, je m'écriais : « Rivero (1) arrive, et moi je m'en vais ; mais moi je pars par la faute des gouvernants qui sont assis sur ces bancs. Je sens une force qui me pousse et me traîne, et me détruira à la fin ; mais je tomberai tenant en mes bras l'ancien drapeau et l'agitant, parce que c'est l'unique bannière qui puisse sauver la patrie. »

Un jour, enfin et avec une indicible tristesse, je dis : « Ceci s'en va, tout ceci s'en va. » Mais les ministres regardaient leurs portefeuilles et les employés pensaient aux appointements qu'ils venaient de toucher.

Enfin, l'esprit abattu et toute espérance perdue, je parlai pour la dernière fois dans les Cortès du royaume :

« Je me trouve dans la position d'un homme à la veille d'un voyage très-long ou du voyage dont on ne revient pas, qui met en ordre ses affaires, remplit fidèlement les mandats qu'il reçut et prend affectueusement congé de ses amis.... Dans la discussion de la réponse au discours de la couronne peut-être vous rappellerez-vous ce que je vous dis : Ceci s'en va, tout ceci s'en va ! » Et comme je n'avais rien de plus important à dire, je me tus... J'étais alors et je suis aujourd'hui uniquement occupé à regarder comment tout s'en va.

Ensuite j'élevai douloureusement la voix et je rappelai à la reine Isabelle les paroles de Shakespeare : « Adieu, femme d'York, reine des tristes destinées ! »

La reine Isabelle allait partir et je la saluais.

(1) Rivero est pris ici pour personnifier la République.

Je finis mon discours en disant :

« Je considère la révolution comme faite ; elle n'a plus qu'à lever ses verges et à nous châtier. La chair est faible et elle tremble ; l'esprit sait que nous ne pouvons rien perdre et que nous pouvons gagner beaucoup. Tous nous péchons, tous nous méritons d'être punis. Les châtiments que Dieu envoie sont de grands orateurs ; ils réveillent les endormis, animent ceux qui veillent, et la douleur les oblige tous à lever les yeux au ciel... Au reste, quand toutes les questions seront résolues de la façon que je redoute, je vous saluerai tous affectueusement, mes amis. Je quitte sans regrets le monde politique, pour lequel je n'étais pas né certainement, et, s'il est permis à un personnage humble et petit de rappeler les grandes paroles de Bossuet, je vous dirai que je veux vivre désormais pour consacrer à l'Église catholique, apostolique et romaine, dans la foi de laquelle sont morts mes pères, et dans la foi de laquelle je mourrai bientôt, les restes de ce feu qui s'éteint et de cette voix qui s'affaiblit. »

Je quittai le congrès sans emporter dans mon âme aucune ombre d'aversion contre personne, et je crois aussi n'y avoir laissé aucune haine contre moi.

Je me retirai dans l'obscurité que j'aimais pour soigner ma faible santé et ma chère famille, qui a besoin chaque jour de mon modeste travail. Je regardais tout comme perdu ; je regardais les régions supérieures, les moyennes, les inférieures.... Humainement il n'y avait plus d'espérance. C'était simplement une question de temps ; la révolution devait venir, et, comme je l'avais indiqué auparavant, la révolution ne devait plus même mettre en discussion le trône de D. Isabelle ni s'occuper à l'avance de ce qui le remplacerait.

Je ne veux pas parler du dernier ministère, qui eut la triste gloire d'unir son nom à la chute du trône d'une reine espagnole.

Ceux qui étaient ministres hier sont aujourd'hui en disgrâce : l'histoire les jugera; mais il importe d'établir qu'on se trompe quand on croit que ces hommes gouvernèrent d'après les principes du parti catholique.

Ce n'est pas vrai : député, je combattis les lois de presse et d'ordre public qui violaient le droit; je condamnais cependant, d'un autre côté, des tolérances mal entendues en faveur de l'idée révolutionnaire, et la faiblesse qui empêcha d'accomplir de grandes réformes pour soulager les populations, et l'imprévoyance qui ne savait pas aller au devant du remède pour les maux sociaux et l'amélioration des classes pauvres.

Pour empêcher la révolution qui se préparait en bas, il était nécessaire de faire en haut une autre révolution grande, généreuse, féconde.

Quoi qu'il en fût de tout cela..... Tout cela a passé.

III

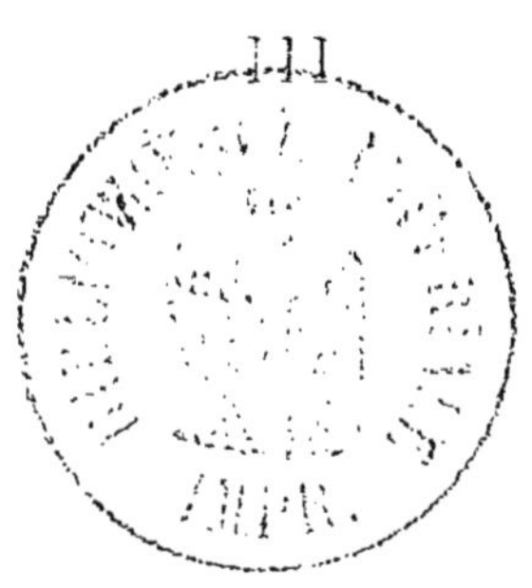

Je me rappelle que, le 19 septembre, j'arrivai à Madrid. En même temps arrivait le cri de Topète. « Doña Isabelle, dis-je, a cessé de régner. — Pourquoi? me demande un ami. — Parce qu'il n'y a pas en Espagne vingt hommes qui se jettent dans la rue en criant : « Vive la reine! »

La révolution se respirait dans l'air. Je suis encore étonné et étourdi en me rappelant ce qui se passa.... et ce qui se passe en ce moment. Il ne s'est jamais vu dans le monde une chose plus abjecte et plus hideuse que la révolution de septembre.

A Cadix on lança un manifeste dans lequel on parlait d'épouses et de filles, et je ne sais plus de quoi encore; il était signé par Serrano, Prim et Topète; Serrano, duc de la Torre, avait signé le premier.

Je vis que le peuple de Madrid se réjouissait de la chute

d'un trône comme un malade qui change de posture. Je compris aux palpitations de son cœur qu'il lui manquait encore une leçon et une désillusion.

Je vis les maisons des anciens Grands parées et illuminées à la chute du trône ; je n'en voulus pas à la Grandesse, car elle est déjà morte.

Il n'y avait plus d'autres grands alors que ceux que la reine Isabelle avait créés : Serrano et Prim.

Le peuple mit dans leurs mains un levier capable de soulever le monde. Mais que pouvaient ils faire d'un pareil pouvoir?

Remarquez que, si petits qu'ils fussent, ils eussent pu agir s'ils avaient pensé un peu à leur gloire. Ils auraient pu extirper des abus mille fois dénoncés, réduire les ministères et les provinces et supprimer les conseils; réviser les impôts pour soulager le peuple; conserver ceux des employés qui devaient leurs charges à leur probité et à leur mérite; pourvoir aux vacances avec leurs propres partisans, sinon les meilleurs, au moins les ordinaires, et, puisqu'ils proclamaient toutes les libertés, commencer par respecter la liberté de l'Église catholique.

Ils ne firent même pas cela, les régénérateurs de l'Espagne! Parfois je me demande si l'on aurait pu faire pire et plus misérablement. Ils sont arrivés au *non plus ultrà*. Triste gloire!..... Non, ce ne fut pas une révolution que celle de septembre, mais un *prononciamiento* contre le budget de l'État.

Un seul fait montre ce qu'elle valait. On se souvint de *D. Alphonse*(1), enfant de onze ans, qui était sergent dans l'armée

(1) Le prince des Asturies.

espagnole, et on le cassa· puis on fit monter en échange au grade de sous-lieutenant un autre enfant, vicomte de Bruch (1) par la grâce de la mère de D. Alphonse.

Oui, la révolution fut simplement un *prononciamiento.* Presque tous les anciens employés furent mis à la porte et jetés dans la misère; une irruption d'hommes avec ou sans mérite envahit tous les postes; ils exigèrent plus encore et s'attribuèrent des grâces et des grades. Le peuple n'en payera pas moins; la plus grande partie de ses libérateurs toucheront plus d'appointements. Pour le châtiment de quelques-uns et pour l'exemple de tous, entre les hommes qui étaient assis à la table du festin on en vit passer un qui les regarda dédaigneusement : c'était l'amiral Mendez Nunez, le héros du Callao. Celui-là n'a pas pris part à l'orgie, il ne s'assied pas non plus dans le congrès de l'Espagne libérale.

Je ne sais quel mauvais esprit poussa les libérateurs à faire quelque promesse qui rendît leurs noms célèbres, et, pensant sans doute à la postérité, ils détruisirent les conférences de Saint-Vincent-de-Paul, coupables seulement de faire du bien aux pauvres au nom d'un Dieu crucifié; ils chassèrent les jésuites, qui enseignaient à leurs propres enfants la vertu et la science; et en même temps que des milliers de forçats délivrés par eux s'élançaient dans la rue en chantant, ils forcèrent brutalement des femmes angéliques à sortir en larmes de leurs couvents..... Ah! messieurs, ce n'était pas une preuve de grand courage que de faire pleurer des femmes et de détruire les lois sacrées sur lesquelles

(1) Le fils de Prim.

votre Rios Rosas apposa la signature de l'Espagne ; il n'y a pas grande bravoure à insulter ou à permettre d'insulter le vicaire de Jésus-Christ, saint et faible vieillard qui ne sait que bénir les hommes !

Lorsque les *provisoires* expulsèrent les jésuites qui possédaient des colléges établis légalement en Espagne, ils n'oublièrent pas de s'emparer de leurs biens.... Dernièrement, l'un d'entre eux s'épouvantait dans le Congrès de ce que les démocrates parlaient de la propriété dans des termes peu rassurants. Il avait raison, ce ministre : la propriété est sacrée.

A un autre ministre il vint l'idée de donner, par l'intermédiaire du sous-secrétaire, la permission d'ouvrir des temples protestants, à la condition, il est vrai, qu'on se conformerait aux règlements de la police urbaine. Tous les ministres consentirent à ce que la barbarie révolutionnaire démolît les temples catholiques, imitant les Vandales avant leur conversion. Tous aussi consentirent à ce que quelques journaux, interprètes de la révolution, bafouassent le sacerdoce; sans compter ceux qui renièrent Jésus-Christ. La Sainte-Trinité elle-même a été exposée en caricature à la Puerta del Sol.

Engeance satanique et maudite!

Et pendant qu'on expulsait religieuses et jésuites, qu'on élevait des temples protestants dans lesquels nous ne devons pas entrer, et qu'on détruisait les temples catholiques où prièrent nos aïeux, on criait hautement et avec acclamation : Vive la tolérance religieuse ! Vive la liberté d'association ! Vivent toutes les libertés ! Et de temps en temps ceux qui gouvernent par la patience de Dieu disaient qu'ils étaient catholiques, très-catholiques, profondément catholiques.....

Un jour, je me levai dans les Cortès et je m'écriai : « J'ai « une telle répugnance pour les masques, qu'en les voyant, « même sur le visage des autres, il me semble que je les « sens sur le mien. Ils me font éprouver peine et douleur, et « ils m'étouffent presque..... A bas les masques! Trafi- « quants de liberté, revendeurs de patriotisme, hypocrites « de l'ordre, à bas les masques!..... Et vous que je plains « plus que je ne condamne, vous qui avez le malheur de ne « pas croire, et qui pourtant, par crainte de la loi ou du « peuple encore peu *éclairé*, allez disant que vous êtes « catholiques, pour mieux frapper le catholicisme, singu- « liers catholiques qui n'êtes jamais à côté du pape et tou- « jours à côté de Garibaldi et de Mazzini; vous qui nous « appelez des *néos* parce que nous sommes en face de « Mazzini et de Garibaldi et à côté du pape et des évêques « de l'Église universelle, je vous somme, messieurs, d'ôter « vos masques! Et si vous ne le pouvez pas, parce que la « loi vous le défend, au moins ne calomniez pas en hypo- « crites, et sachez garder le silence. »

Je disais cela il y a peu d'années. Aujourd'hui, je me bornerai à répéter que les discours de ces catholiques ne peuvent pas se supporter.

Je ne demandais pas à ces hommes qu'ils fussent catholiques. Je leur demandais seulement d'être loyaux, logiques, conséquents.

Avec ceux qui, égarés sans doute, croient que la liberté est bonne pour le bien comme pour le mal; avec ceux qui élèvent le temple protestant, mais qui en même temps laissent la paix à notre Église ; avec ceux qui fondent la loge maçonnique, mais qui en même temps respectent la maison des religieuses et le collége des jésuites ; avec de tels hommes je puis m'entendre, je puis les fréquenter, vivre avec eux, et serrer leur main en déplorant leur erreur.... Mais ceux qui, par rage d'esprit ou par le caprice stupide d'un insolent cynisme, donnent la liberté au mal et oppriment l'Église, qui est le bien ; ceux qui tuent par la famine le clergé, qu'ils font néanmoins semblant de protéger ; ceux qui laissent insulter le pape et Dieu lui-même, et qui pourtant veulent être nommées des catholiques, ceux-là..... oh! mon Dieu ! je ne les hais pas, parce que je ne sais pas haïr, et, si je les voyais tomber, pensant à Jésus-Christ, je leur tendrais la main; mais je dis d'eux, et je voudrais avoir une voix assez forte pour être entendu de l'univers entier, que, tout petits qu'ils sont, ils sont les grands coupables de notre époque; car, sans raison, sans cause substantielle, sans prétexte, ils ont déchiré les entrailles de l Église, foulant aux pieds ce que nous vénérons, torturant ce que nous aimons, et blessant si profondément le cœur du peuple, qu'ils rendent possibles au XIXe siècle les horreurs d'une guerre plus que civile... Oh! il est si pénible et si triste pour mon âme de parler en pareils termes, qu'en achevant de dicter les précédentes lignes, je laisse tomber ma tête entre mes mains et je me sens suffoqué et défaillant. Mais elles ne peuvent s'effacer; ce qui est écrit est écrit : ces hommes-là sont les grands criminels du XIXe siècle.

Je voudrais leur trouver une excuse : il se peut que les malheureux ne sachent pas ce qu'ils font. Troublés, confondus et fascinés, ils ne doivent pas bien s'en rendre compte, et, s'ils arrivent un jour à le reconnaître, ils devront s'épouvanter.... Mais si moi, l'homme le plus modéré du monde, tolérant, sans prévention, et, en outre, bon ami de plusieurs libéraux et même de quelques uns de ces infortunés, je ne puis les supporter patiemment, qu'en sera-t-il de ceux qui ont d'anciens ressentiments ou des blessures récentes, un caractère plus fougueux ou une foi plus vive?

A la vue d'un tel désordre, je crus, non sans douleur, que Dieu me demanderait compte si je ne retournais dans les rangs, fût-ce comme un inutile soldat. Je crus que Dieu me demanderait compte si je manquais à ma parole engagée de consacrer à l'Église catholique, apostolique et romaine, en la foi de laquelle sont morts mes aïeux, les restes d'un feu qui s'éteint et d'une voix qui faiblit.

J'écrivis donc dans des journaux, au vu et au su de Madrid, et pour la première fois je me présentai comme candidat aux Cortès... Dernier désenchantement. Je m'imaginais que l'on se bornerait à pratiquer les anciennes menées, peut-être perfectionnées, et qu'ainsi les libérateurs seraient élus, quoique l'immense majorité des Espagnols soit catholique, apostolique et romaine. Je me trompais : Ce qui se passa dans diverses provinces, je ne veux pas le rappeler ; mais lorsque je sus que les magistrats eux mêmes se faisaient complices et prenaient les battus pour les battants, il me sembla qu il ne convenait pas de prendre une part quelconque à ce jeu peu divertissant et très-dangereux.

Il ne s'en fallait plus que de deux ou trois jours pour les élections quand arrivèrent à notre connaissance ces équivoques de la justice humaine à Tolède, et je fis de mon mieux, mes amis le savent, pour que le parti *espagnol*, qui s'était déjà retiré dans plusieurs districts, se retirât dans tous, protestant par son abstention.

Je crus et je crois encore que le silence absolu de l'Espagne catholique dans les Cortès était la réponse la plus éloquente qui pût être faite aux discours progressistes et démocratiques qui allaient retentir dans cette enceinte.

Par suite de circonstances que je n'ai pas besoin de rappeler, j'entrepris un voyage à Paris, et j'écris aujourd'hui sous un ciel étranger, beau, mais triste, parce qu'il n'est pas le ciel de ma patrie.

IV

Je partis de Madrid ; le train volait, et tout me semblait un rêve.

Moi que la députation n'avait pas arraché sans peine au foyer domestique pour me traîner au Congrès ; moi qui avais profité de la première occasion favorable pour retourner dans une retraite aimée ; moi qui disais avec une certaine affectation, mais avec une entière sincérité, et qui le dis encore, que je ne veux rien être, pas même ministre, je quittais ma maison et mes affaires, je m'éloignais de ma famille, et je courais de Madrid à Paris, à la recherche d'un roi.

Je remplissais mon devoir, selon ma conscience, et même, d'après les lois révolutionnaires de mon pays, j'étais dans mon droit, car j'ai ma petite part de souveraineté personnelle tout aussi bien que mon ancien ami le comte de Reuss, marquis de Los Castillejos et grand d'Espagne.

Je franchis la Bidassoa. Je laissai la moitié de mon âme, toute mon âme, en Espagne.

Peu à peu mon esprit se plongea dans une tristesse indicible, et je me livrai à des réflexions mélancoliques et pourtant bien naturelles.

Les hommes savent beaucoup, me disais-je; grâce à la vapeur et à l'électricité, ils font presque des miracles. Ce qu'ils ne savent pas faire, c'est prolonger de quelques instants cette courte et misérable vie. Singulier spectacle! Nous passons, voyageurs fatigués, par un chemin difficile et court, et nous le suivons en nous disputant et en nous battant, au lieu de nous consoler et de nous aider les uns les autres. Pascal disait avec raison : « Le péché originel est un « mystère qui explique tous les mystères ». Je ne le comprends pas bien, mais sans lui je ne comprendrais ni l'histoire du monde, ni ses épouvantables contradictions, ni les misères infinies du pauvre cœur humain.

Ainsi donc, les hommes savent beaucoup; mais lorsqu'ils sont parvenus au sommet le plus élevé de l'intelligence et de la science, s'ils ont su bien employer leur temps, ils parviennent à savoir..... juste ce que sait un pauvre berger au fond de sa cabane : c'est que, pour être ou un homme ou un peuple libre et vraiment heureux, il faut croire en Dieu et suivre ses commandements.

Voilà la grande constitution : les commandements de la loi de Dieu.... C'est bien là la constitution morale de la société humaine. Et quelle sera la meilleure constitution politique? Celle qui assurera le mieux l'exécution de cette constitution morale.

C'est là une pensée vulgaire, diront mes amis les libéraux. Je le crois bien! Il n'y a rien de plus vuglaire que les grandes vérités. Mais, puisqu'ils sont un peu païens, eux, qu'ils me permettent de leur citer l'autorité d'un grand païen. Homère nous dépeint le monde assujetti au ciel par un chaîne d'or. Eh bien! la révolution veut rompre cette chaîne, pour voir sans doute d'autres mondes, ne comprenant pas que, le centre de gravité une fois perdu, notre globe roulera, comme Satan, dans l'abîme.

Et, à propos de Satan, rappelons ce que ce révolutionnaire de l'enfer disait à nos premiers parents dans le paradis terrestre : « Vous serez Dieux », et encore : « *Non serviam....* » De là date la lutte gigantesque du mal contre le bien.

L'homme veut être roi, pontife, Dieu.

Je pense en ce moment à quelques-uns de mes infortunés amis, dont je tairai le nom ; je me figure qu'ils sont devant moi, et je leur dis: Je sais, mes amis, que vous avez le malheur de ne pas croire en Jésus-Christ-Dieu ; vous me l'avez avoué.

Je sais qu'à l'imitation de sa mère, la révolution française de 93, la révolution espagnole a le projet formel de détruire l'Église catholique; vous me l'avez avoué.

Et qui peut mettre en doute que cette révolution ne soit antichrétienne? Qui ne le sait? Je ne dis pas que parmi les révolutionnaires il n'y ait des chrétiens. Il y en a, je le reconnais avec bonheur; mais ils sont frappés d'un déplorable aveuglement. Les chefs de la révolution et l'esprit de cette révolution, en Espagne et dans l'Europe entière, nient la divinité de Jésus-Christ, et tentent de détruire l'Église, attaquant dans Pie IX, qui est roi et pontife, l'humaine royauté et la foi divine.

La révolution, suivant la phrase infâme de l'infâme Voltaire, veut écraser Jésus-Christ, parce qu'elle veut être libre; et elle ne se sentira libre que quand elle aura pu jeter à l'eau tous ses commandements, qui sont des lois, et qu'elle pourra dormir sans la crainte de trouver au-delà du tombeau un juge inexorable.

Mais elle ne pourra pas dormir!.. Elle ne pourra pas dormir!! un remords impitoyable la réveillera de temps à autre, et de temps à autre elle aura peur.

Cette peur engendre dans les révolutionnaires une singulière maladie, qui s'appelle la « rage d'esprit ».

C'est cette rage d'esprit qui poussait les hommes de 93 à détruire les églises et à décapiter les prêtres. Je découvre les symptômes de cette rage dans plusieurs de nos hommes. J'ai salué dans les rues de Madrid des Marat au petit pied, et touché la main à quelques contrefaçons de Danton. .. Le monde sait bien que l'homme qui renie Dieu est une bête féroce qui aime le sang.

Grand Dieu! que diront les libéraux en lisant ces lignes? Peut-être ne trouveront-ils pas dans le dictionnaire de notre langue, si riche cependant, des expressions suffisantes pour me jeter l'injure et le mépris.... N'importe! ce que je dis est certain..., comme il est certain que la liberté des passions est l'esclavage de la vertu.

Quel aveuglement, mon Dieu! La plupart de ces égarés, presque tous, sont malades et aveugles; aussi méritent ils plus de pitié que de colère.

Infortunés! ne comprenez-vous pas que le jour où la foi s'affaiblirait ou s'éteindrait dans le sein des Espagnols, l'Espagne serait un chaos et un enfer?

Si nous cessons de croire en Jésus-Christ, il est clair que nous n'avons pas à chercher un autre Dieu, et que nous resterons sans Dieu. Et alors, qu'est l'homme? Y a-t-il rien de plus chétif et de plus misérable que l'homme? Et que deviendrait la société si ce n'est une réunion désordonnée d'êtres dont les passions débordées luttent, s'irritent, se déchirent et s'ensanglantent? Quelle morale restera-t-il dans le monde, si ce n'est le plaisir? et quel droit, sinon la force?

Il me semble impossible qu'un homme qui n'a pas de croyances ait le courage de s'appeler libéral... C'est nous qui sommes les véritables libéraux, nous qui croyons que Dieu, le grand roi, est notre père, et qui passons par le monde, noviciat du ciel, pour arriver au paradis, où nous attend une couronne.

Je roulais dans mon esprit toutes ces pensées et bien d'autres encore, et je résolus de les écrire, quoiqu'elles ressemblassent à un sermon.... Mais que faire? Les temps dans lesquels nous vivons sont ignorants sans mesure, et il faut apprendre aux libéraux que non-seulement Donoso-Cortes, mais Proudhon lui même, affirment qu'au fond de toute question publique il y a une question religieuse.

Dans les Cortès du royaume, j'ai dit à ce propos ce que tous les catholiques, et ceux-là même qui, sans avoir le bonheur de l'être, ont au moins conservé le sens moral, devront reconnaître hors de doute: « Il n'y a pas de remède si les « idées perverses et perturbatrices continuent à croître sans « cesse, refroidissant en tous le sentiment religieux et l'é- « teignant dans un grand nombre. Il n'y a pas de remède : « renoncez à l'ordre et à la liberté; résignez-vous à une « anarchie épouvantable et à d'épouvantables despotismes. »

« Dieu a, si l'on peut s'exprimer ainsi, abandonné le « monde politique aux hommes; mais il s'est réservé le « monde social. Les formes de gouvernement ont été dé- « terminées par des accidents humains. Les hommes ont pu « et pourront vivre dignement et librement sous une forme « quelconque de gouvernement, mais à la condition de se

« conformer aux lois que Dieu a données au monde moral, « à la condition d'être profondément religieux. Dieu a voulu « que la liberté civile, politique, et toutes les libertés, na- « quissent, comme de leur source naturelle, de la liberté » morale, c'est-à-dire de la domination que la raison, ap- « puyée en Dieu, exerce sur les passions qui voudraient la « rendre esclave. »

« Si le peuple espagnol est véritablement catholique, il « n'aura pas besoin de constitutions pour être libre ; mais « s'il est incrédule, si l'on voit surgir en lui le libertinage « d'esprit qui méprise l'autorité, et si l'appétit désordonné « des jouissances va sans cesse grandissant, alors vous « perdrez votre temps. O philosophes! ô législateurs! je « me ris de vos lois. Vous pourrez *faire* des lois, mais » vous ne pourrez pas *faire* des mœurs ; et, sans les mœurs, « les lois ne sont-elles pas vaines? et, sans les lois, la liberté « n'est-elle pas impossible? »

Ah! la chaîne d'or! la chaîne d'or du grand poëte! Si vous la rompez, le monde se précipite dans le chaos. Si le monde, au contraire, demeure attaché au ciel, il en parcourra l'étendue, illuminé par les rayons d'un soleil divin.

Je m'adresse à ceux qui ont l'insigne bonheur de croire en Jésus-Christ, et je les prie d'examiner si je me place au point vrai de la raison, ou si par hasard j'exagère.

Dieu, qui créa les cieux, créa aussi l'homme, et il le fit plus grand qu'eux, puisqu'il peut connaître son créateur.

L'homme et la femme, deux en une même chair, sont la société parfaite. A lui l'autorité; elle est l'aide et le conseil; les enfants obéissent. Plusieurs familles forment la grande famille, la grande société.

Dieu, auteur du monde matériel, l'est aussi du monde moral. Il a imposé au premier des lois auxquelles il obéit sans les connaître; il a dicté à l'autre des préceptes qu'il doit connaître et pratiquer.

Tout ce qui est nécessaire pour que la société vive et se perfectionne conformément aux vues divines vient de Dieu. C'est donc de Dieu que vient l'autorité. Le monde s'est toujours régi par deux forces : ou par l'autorité, que j'appellerai force morale, ou par la force matérielle, qui s'appelle le sabre ou le bâton.

Dans le premier cas, la société est libre et digne; dans le second, elle est avilie et esclave.

Quant aux formes de gouvernement, elles doivent être d'un ordre très-inférieur, puisque Dieu les a livrées aux disputes des hommes.

Il ne nous a pas dit de vivre ou en monarchie ou en république. Ce qu'il nous a dit, c'est d'être humbles, chastes, charitables.

Je me rappelle, à ce propos, que dans ma jeunesse je lus la constitution de Cadix, et je fixai mon attention sur le magnifique article où il est dit : « Tous les Espagnols sont obligés d'être justes et bienfaisants. » Voilà qui est bien! Qu'on fasse pratiquer l'article et j'accepte la constitution.

C'est une grande chose qu'un roi chrétien, père de son peuple! Entouré de ses enfants vertueux et sages, il gouverne la société : heureuse société! C'est une grande chose aussi qu'un peuple dont les jeunes gens s'arrêtent quand passe un vieillard, dans lequel jeunes et vieux écoutent avec respect la voix des plus expérimentés et des plus estimables d'entre eux, et où tous se découvrent avec respect devant un prêtre! Pour un tel peuple, la république est possible; et je me réjouirais de ce que ce peuple vécût en Espagne, pour pouvoir être républicain.

On a vu bien des choses en ce monde, mais on n'a jamais

vu et on ne verra jamais la liberté exister chez un peuple qui ne professe pas un profond respect pour l'autorité. C'est pourquoi, et je l'ai dit mille fois, l'Espagne libérale est condamnée à la dictature ou à la tyrannie. Que ceux qui aiment la liberté y renoncent, car il n'y a pas de liberté possible pour l'*Espagne libérale.*

Regardez les provinces basques : les populations sont libres, parce qu'elles ont de saines coutumes ; et leurs coutumes sont saines, parce qu'il règne parmi elles un esprit profondément religieux. Ces provinces se seraient gouvernées anciennement avec la forme républicaine, si le voisinage de peuples rivaux et puissants ne les eût obligées à rechercher un roi, plus pour les protéger que pour les gouverner.

Pour les formes de gouvernement, je le répète, cela dépend de mille causes et accidents divers ; mais, croyez-moi, quand une forme de gouvernement a duré des siècles dans un pays, c'est que le ciel et la terre de ce pays aiment cette forme et ne sauraient en supporter d'autres.

L'Espagne, depuis qu'elle est Espagne, est une monarchie, d'abord élective, comme presque partout, puis, comme partout aussi, héréditaire.

Quinze siècles ont passé sur l'Espagne criant : Vive le roi ! et maintenant la populace a bien pu congédier une reine, mais elle n'a pas osé renverser le trône.

Le trône vide, c'est par miracle qu'il est debout, gardé par des monarchistes tels que Serrano, Lorenzano, Olozaga et Sagasta. *Martos* et *Rivero* (1) eux-mêmes se sont faits monarchistes : quelle ironie !

L'ancienne Espagne fut un composé de divers royaumes,

(1) Deux républicains connus.

dont l'histoire, dans la succession des siècles, fournit des exemples pour tous. Connaissez-vous le petit royaume d'Aragon, une des couronnes les plus glorieuses du monde? Eh bien, don Jaime Ier, législateur indigène, comme Alphonse X, donna à ses sujets une constitution si libérale, que, si elle ressuscitait aujourd'hui, nos mœurs ne pourraient pas la supporter; mais alors elle fut possible, parce que l'esprit religieux corrigeait les défauts de l'ordre civil ou politique; et à côté du palais des députés s'élevait le couvent, qui envoyait aussi ses abbés aux cortès du royaume.

En considérant l'ensemble des événements en Espagne pendant la longue succession des siècles, on voit que le peuple espagnol marcha toujours à l'abri d'une couronne et d'un roi, et il est certain aussi que ce roi ne fit jamais un pas sans les conciles de Tolède, les cortès et les conseils de Castille, et qu'il respecta toujours les franchises et les libertés d'Aragon.

En Espagne, plus que dans aucun autre pays du monde, on peut dire avec vérité que la liberté est ancienne et le despotisme moderne.

Ce ne fut que vers le XVIe siècle qu'en Espagne, comme dans le reste de l'Europe, le pouvoir commença à se concentrer et que les libertés des peuples diminuèrent par une raison puissante : c'est qu'alors commença l'immense lutte entre le protestantisme et l'Église catholique; et c'est à l'heure des grandes guerres que les nations sont déclarées en état de siége.

La monarchie espagnole, au surplus, fut très-populaire sous les rois d'Autriche. Le roi avait fait une alliance tacite avec le peuple, et roi et peuple éloignaient du gouvernement, plus qu'ils n'auraient dû le faire, la noblesse d'Aragon et de Castille.

Le peuple espagnol fut le peuple le plus roi qu'il y ait eu au monde; et tandis qu'en Angleterre, pour obtenir une dignité, et même pour porter le drapeau d'un régiment, il fallait être noble, en Espagne les enfants du mendiant parvenaient à être généraux, prélats, conseillers et ministres.

Le droit défiait la force, c'est-à-dire l'épée. Notre siècle libéral a avili le droit et appelé l'épée à la présidence perpétuelle des conseils de la couronne.

Il faudrait un livre, et j'espère l'écrire un jour, pour prouver que jamais aucun pays ne se montra plus favorable aux faibles et aux pauvres que notre terre d'Espagne, et que jamais il n'y eut un peuple plus grand que le peuple espagnol.

Je qualifie de temps de grande décadence et même d'ignominie, les temps de Marie-Louise et de Godoy; mais il ment, celui qui dit que le peuple espagnol ne se conserva pas sain et uni, et qu'il n'était pas demeuré, comme peuple, aussi grand que le devint Napoléon comme homme.

Je ne nie pas, et comment les nierais-je? les défauts de l'ancienne organisation politique; mais je veux imiter les enfants de Noé, qui couvraient pieusement la nudité de leur père. L'Espagne avait besoin de grandes réformes, et même, outre les disciples secrets de Ferney, il y avait de vrais Espagnols qui les désiraient dès le temps de Charles IV. Ensuite, dans les cortès de l'an XII, les membres de la fraction la plus absolutiste eux-mêmes désiraient rechercher dans les anciennes lois d'Espagne ce qui pouvait servir de frein aux abus du pouvoir. Il est clair en effet que, sans la justice, le bien et le mal iront toujours confondus, et les institutions les plus saintes elles-mêmes peuvent se corrompre dans ce qu'elles ont d'humain et de terrestre. Aussi regarderais-je comme digne des plus grandes louanges celui qui trouverait des moyens nouveaux pour éviter les abus. Plût à Dieu qu'il fût possible de mettre les hommes dans l'heureuse impossibilité de pécher! Mais cela n'arrivera que dans le ciel, parce que dans le ciel on voit Dieu.

Il arriva cet immense malheur, que la France, le cœur de l'Europe, fut pervertie par les déclamations fiévreuses de Rousseau et par les écrits sacriléges de Voltaire. De là une révolution sans exemple, que j appellerai l'invasion du monde par l enfer; révolution qui ne se contenta pas de demander la destruction des abus existants, mais qui entreprit d'émanciper l'homme de toute autorité divine et humaine.

Dans ce but, elle inonda la France de sang et renversa Jésus-Christ de l'autel pour y placer la déesse Raison... Et cette déesse n'était autre chose qu'une prostituée.

On ne peut le nier, les libéraux espagnols ne sont pas disciples de l'Angleterre, dont la grande charte fut l'œuvre des évêques catholiques, et dont la révolution, sous Cromwell, fut toute religieuse. Non, ils n'appartiennent pas à l'école anglaise, qui veut une aristocratie avec des majorats, un épiscopat opulent et de vieilles traditions; mais ils sont, ô douleur! les adeptes de la secte française qui renia son Dieu et la gloire de ses aïeux, qui trembla devant Robespierre et qui se prosterna muette aux pieds de Napoléon.

Que personne ne le nie, car il n'est pas permis d'en douter aujourd'hui : la révolution espagnole, fille de la révolution française, est aussi impie que sa mère.

Le libéralisme, qui est une secte, et non une forme politique, tend à proclamer la raison humaine émancipée de la raison divine.

Le libéralisme a complétement levé le masque, et nous a montré la face de Satan revêtue de sa feinte beauté, mais aussi avec la cicatrice horrible que laissa sur son front la malédiction.

Cette secte impie, naturellement cauteleuse et fourbe, tout en se montrant secrètement dans toute sa nudité à quelques Espagnols préférés, se rapprochait d'un grand nombre, de presque tous, perfidement travestie, et leur parlait parfois de religion avec componction, déplorant leurs souffrances avec intérêt et en indiquant le remède dans le rétablissement des antiques lois fondamentales.

Et elle trompa beaucoup de monde, et ceux qui ne furent pas trompés en rendent grâce à Dieu, car elle avait raison sur quelques points, je le confesse à haute voix et je l'ai dit à l'Espagne du haut de la tribune.

Le gouvernement de Charles IV ne fut pas un modèle...

Dans la majorité des cortès de Cadix, les uns avec un esprit pervers, presque tous avec une intention candide, allèrent aussi loin qu'on pouvait aller : hommes-enfants qui s'imaginaient qu'il suffisait d'écrire une constitution sur le papier pour constituer une nation, tandis qu'il n'y a là qu'un papier écrit que le premier venu peut effacer. A l'ombre de cette constitution, l'impiété leva la tête, et le peuple s'épouvanta et s'indigna, pressentant que les idées françaises gagnaient ses législateurs, pendant que lui, versant son sang, brisait de ses mains les baïonnettes françaises... Et l'homme du siècle tomba, et le peuple du siècle triompha, et le roi désiré revint et il déchira le papier...

Cette charte était mauvaise ; il y avait pourtant quelque chose à faire : améliorer, restaurer, établir un ordre de choses qui empêchât ou rendît plus difficiles les infamies de Godoy et les maladresses de Bayonne. Pour cela, il n'était pas nécessaire de sortir d'Espagne, à la recherche de doctrines filles de mauvais pères; car chez nous nous avions de grands maîtres à suivre, de grands exemples à imiter.

La Providence réserva à Ferdinand VII une magnifique occasion pour devenir un roi; mais Ferdinand VII ne le fut pas. Alors vinrent les folies anti-patriotiques et impies de 1820 : nous perdîmes l'Amérique et nous devînmes le scandale de l'Europe.

Et telle avait été l'action, telle fut la réaction; mais je ne veux pas raconter ces désastres.

Ferdinand VII ne voulut pas ou ne put pas (en ce temps-là c'était difficile et périlleux) rétablir les anciennes lois fondamentales du royaume, en les appropriant aux exigences raisonnables du présent; mais il voulut essayer de déroger (en fait, il ne dérogea pas) à une loi fondamentale, et il livra à une enfant le sceptre d'Espagne, sans penser qu'il livrait l'Espagne aux bras de la révolution.

Le manifeste de Cea Bermudez ayant endormi beaucoup d'esprits, la légitimité de la reine paraissant vraie à un grand nombre, le libéralisme devenu maître de toutes les forces et de toutes les ressources du pays, et, quelle faute! jusqu'à l'appui matériel des baïonnettes étrangères, tous ces éléments réunis empêchèrent le triomphe des carlistes, qui, sous la conduite de chefs héroïques, déployèrent une grande valeur et une constance invincible.

Et que le monde sache bien que leur drapeau ne tomba pas vaincu, mais bien vendu, dans les champs de Vergara.

La révolution triompha... Vous connaissez son œuvre, Espagnols, et vous savez aujourd'hui si elle vous a rendus heureux.

Cette révolution a été féconde pour le mal, parce qu'elle n'a été qu'un châtiment; et comme elle ne fut pas autre chose, Dieu la condamna à une déshonorante stérilité pour le bien.

Elle ne posséda qu'une chose grande... l'avidité. Elle s'empara de tout et dévora tout, les biens des couvents, ceux de l'Église, des hôpitaux et des communes.

Et après avoir tout dévoré, elle a fait que, si nous devions en 1833 cinq milliards (1), nous en devons vingt-cinq aujourd'hui.

Aussi la hideuse banqueroute n'est pas à nos portes, comme disait Mirabeau; elle est dans notre maison.

Mais il y a une autre banqueroute plus déplorable, la banqueroute des mœurs, la banqueroute de l'autorité : car le parlementarisme, maladie française, nous a corrompus, et je ne sache pas qu'en Espagne on respecte encore quelqu'un ou quelque chose, si ce n'est le fouet de Prim ou les canons de Caballero de Rodas.

Jugez de l'état de l'Espagne par ce qui s'est passé et par ce qui se passe à cette heure : on a congédié une grande dame comme on congédie une servante infidèle; on a renversé des temples catholiques et on a ouvert des temples protestants; on a fait pleurer de saintes femmes et on a mis en caricature jusqu'au Dieu de nos pères. Les uns se démènent afin de nous donner pour roi Montpensier, ce Français ingrat; d'autres crient : Vive la république! Plus loin le socialisme montre sa face, et quand l'Espagne épouvantée et scandalisée lève les yeux, elle voit au pouvoir Prim, Serrano, Topete!

C'est le commencement de la fin, et nous allons connaître

(1) Doréaux.

les dernières conséquences du libéralisme français. O siècle des lumières! tu verras les Espagnols s'entre-déchirer dans des ténèbres visibles, comme les condamnés de Dante!

Mais un peuple ne meurt pas; l'Espagne ne peut pas mourir. Pour rappeler ici les paroles de Châteaubriand, je ne croirai jamais que j'écrive sur le sépulcre de l'Espagne. J'ai consulté des oracles qui ne trompent pas, et celle qui, dans tous les temps, fut la privilégiée de Dieu et le bras droit de la chrétienté ne mourra pas.

Mais, après ces grands troubles, qui rétablira l'ordre en Espagne? Après la grande désolation, qui réunira en Espagne tous les éléments conservateurs? qui nous donnera un gouvernement stable, la paix désirée et la véritable liberté?

V

J'arrivai à Paris le cœur serré et rempli de craintes. ... Don Carlos sera-t-il le roi qu'il faut à l'Espagne?

J'avais dit dans les Cortès : « Nous attendons un homme; « on ne sait quand il viendra, si ce sera avant ou après la « révolution; mais on sait qu'il viendra... » Don Carlos sera-t-il cet homme?

Plusieurs personnes m'avaient parlé de lui à Madrid: elles assuraient qu'il était noble et chrétien. Quelques-uns le portaient déjà aux nues comme un grand roi, mais je me fie peu à ces enthousiastes des grandeurs futures. D'autres prétendaient que, tout en étant bon de sa nature, il n'était pas suffisant, en ces temps troublés, pour le gouvernement d'une société aussi divisée et aussi bouleversée ; mais je ne pouvais guère non plus me fier à ceux qui étaient peut-être des échos inconscients de la révolution ou des pessimistes de mauvaise humeur.

Il est certain que, l'esprit indécis, j'éprouvais des vertiges et je tremblais.... La race des rois est si déchue! Ils semblent presque tous frappés d'un aveuglement incurable; ils ne comprennent pas le temps dans lequel ils vivent, et comprennent moins encore qu'en ces temps-ci, c'est un métier très-difficile que de régner, et que ceux qui règnent doivent être des saints ou paraître tels aux yeux des peuples.

Hier Paris célébrait son exposition et Rome son centenaire. La grande ville exposait les merveilles de la matière, la ville éternelle les grandeurs de l'esprit. Les princes de l'Europe accoururent à Paris et oublièrent Rome... Je ne les blâme pas d'avoir voulu admirer les œuvres des hommes; mais auparavant ils auraient dû contempler à genoux l'œuvre de Dieu... Et la preuve, c'est que quelques-uns de ces princes laissèrent un triste souvenir de leur majesté et de leur puissance dans la ville sybaritique de Dumas et de Paul de Kock.

Nous arrivâmes enfin dans la moderne Babylone, et je mis pied à terre en me demandant toujours : « Don Carlos serait-il l'homme?..... »

En ce moment j'avais à Paris un de mes bons amis, lié par la reconnaissance à Dona Isabelle de Bourbon, qu'il n'abandonnerait pas, fût-elle abandonnée de tout le monde; homme qui fut une des sommités de l'ancien parti modéré; homme illustre que j'ai salué un jour dans les Cortès en lui disant : « Merci, monsieur, car, si les grands talents sont « rares, les grands caractères sont bien plus rares encore. »

Quelques jours auparavant j'avais lu à Madrid une lettre de cet ami qui disait en substance qu'il ne connaissait pas le jeune prince, mais que, d'après ses informations, il valait beaucoup plus comme simple particulier qu'il ne pourrait valoir comme roi. Aussitôt arrivé, je courus chez lui, et en me voyant il m'ouvrit les bras, puis, avant de prononcer une seule parole de compliments ou d'affection, il s'écria : « J'ai à rectifier ce que je vous ai écrit, cher ami. Je con-« nais le jeune prince, et je le connais bien : *il vaut beaucoup* « (vale mucho) ! »

Comme une mère qui éprouve une secrète joie dans son cœur en entendant faire l'éloge de son fils, je me réjouis en entendant l'opinion d'une personne si loyale et si désintéressée, si droite et si intelligente, et ma joie était naturelle, puisque désormais à l'horizon obscur de ma patrie brillait une espérance.

Maintenant, j'ai vu le jeune prince ; je l'ai connu, je l'ai fréquenté pendant de longues journées, et moi qui ne sais rien au monde si je ne connais pas le cœur humain, je m'enhardis à saluer Don Carlos de Bourbon et d'Este comme l'espérance de l'Espagne.

Cette opinion serait-elle fille de ma passion monarchique, et mon vieux royalisme aurait-il subi un charme à la vue d'un nouveau roi? Ah ! non, je suis complétement sûr que non ; mes amis le savent et l'Espagne doit le savoir, parce que je le lui ai dit du haut de la tribune ; et, si par hasard elle l'a oublié, je le lui rappellerai, donnant à mes futurs adversaires un grand argument pour qu'ils rendent quelque jour suspecte ma fidélité au monarque de l'avenir. J'ai dit dans les Cortès du royaume :

« Je suis défenseur de la noblesse, quoique je n'aie ja-« mais fréquenté les salons aristocratiques ni assisté aux « fêtes du grand monde ; et, pourquoi ne le dirais-je pas ? s'il « était possible à un homme de choisir une patrie autre que « celle où il est né, surtout quand cette patrie est l'Espagne,

« si cela était possible, et que je me visse forcé d'en cher-
« cher une autre que celle que j'aime tant et où j'ai vu le
« jour, je choisirais un coin obscur de la Suisse, car réelle-
« ment et véritablement, pourquoi ne le dirais-je pas aussi?
« ma chair et mes os sont dans un certain sens démocra-
« tiques. Humble et pauvre, ce n'est que parmi les pauvres
« et les humbles que je me trouve à mon aise... »

Et c'est la vérité.... Aujourd'hui encore je ne m'explique pas bien le singulier phénomène que je remarque en moi-même depuis que j'ai l'usage de la raison : je suis né et j'ai grandi au milieu des libéraux, et jamais je n'ai été libéral ; j'ai défendu constamment et loyalement la monarchie, et jamais mon pauvre cœur n'a été.... En vérité, je voudrais vivre au milieu d'un peuple que gouvernerait un conseil des anciens.

Nous vivons dans un monde sublunaire où de plusieurs familles, petites sociétés, il s'en forme une grande qui s'appelle la commune, en contact et en relations avec d'autres communes. Dans ces communes, il y a des forts et des faibles, des habiles et des sots, des instruits et des ignorants, des bons et des méchants, et à cause de cela elles ont beso n d'une autorité dont la principale occupation soit de protéger les faibles contre les forts, de défendre les bons contre les mauvais, et de rendre sacré le droit de tous, ce qui s'obtient en imposant à tous l'obligation de la loi morale. Or, comme j'ai cru dès mes premières années, et parce que je continue à croire que la monarchie en général, et spécialement en Espagne, est le gouvernement le plus naturel, le plus fort et le plus doux ; à cause de cela seulement, aimant le peuple et étant du peuple, je défends la monarchie et je cherche un roi. Et j'ai déjà dit, si je me le rappelle bien, que j'ai pour moi le prétendu droit révolutionnaire de mon pays ; j'ai autant ce droit que l'amiral Topete et le général

Prim, car je ne suis pas moins souverain que ces messieurs... Et je l'ai cherché, et en conscience je crois l'avoir trouvé. Je viens révéler au peuple espagnol que son roi demeure dans une modeste maison de la rue Chauveau-Lagarde.

Imaginez-vous un homme qui éprouve une répugnance exagérée pour le luxe insolent et la pompe cérémonieuse, qui, à cause de cela et par la modestie de sa condition, évite d'assister aux festins du luxe et aux réunions brillantes. Je suppose que cet homme ne se trouve à l'aise que dans sa condition obscure, touchant presque à la pauvreté, vivant parcimonieusement entre quelques rares et excellents amis; et j'affirme néanmoins qu'un tel homme aimerait les réunions de la rue Chauveau-Lagarde, et que les longues heures qu'il y passerait lui paraîtraient toujours rapides.

Tout est exemplaire dans cette maison : la table sobre, les habillements modestes, la manière de recevoir cordiale et simple. Il semble que l'on respire l'atmosphère de la vertu antique sous cet aimable toit...

Voici qui ressemble un peu à de la poésie, je le reconnais; mais ce que j'éprouvais était éprouvé par tous les autres, et nous nous disions en sortant de la maison : S'il était possible que Don Carlos et Dona Marguerite vécussent à Madrid comme de simples particuliers, et si Madrid les connaissait comme nous les connaissons, Madrid, par amour pour eux, se ferait carliste.

Pour moi, je ne connais pas de cœur plus noble et plus sain que celui de Don Carlos. Pendant de longues heures d'une causerie calme et sérieuse, j'ai souvent essayé de faire vibrer son cœur, et pour les grandes choses j'y ai toujours trouvé de l'écho. Il vit à Paris, où le plaisir sollicite de toutes parts le cœur de la jeunesse, et il y vit travaillant le jour tout entier et passant les longues heures du soir à côté de son épouse bien-aimée. Quelle passion ou quelle pensée domine ce jeune homme? Ce qui le domine, c'est la pensée de l'Espagne; ce qui l'agite, c'est quelque rêve de gloire.

Si je disais que c'est un savant, je mentirais; mais j'ai remarqué que son esprit est ouvert et son jugement solide. Je l'ai entendu faire des observations qui m'ont paru non-seulement justes, mais profondes; et j'ai remarqué que, lorsque devant lui on exalte de hauts faits ou l'on cite des phrases sublimes, le fait et la phrase lui paraissent naturels, comme s'il avait l'intelligence et le cœur au niveau de toute grandeur. La principale attraction du prince consiste en ce qu'il joint à la candeur de la jeunesse une certaine réserve plus propre à l'âge mûr, et qu'il paraît avoir la docilité qui demande conseil et la fermeté qui sait prendre des résolutions inébranlables. Quand il s'incline, pour ainsi dire, et qu'il parle dans l'expansion de son cœur, le jeune homme bon et candide se fait chérir; quand il relève le front et agite la tête, le roi paraît et commande le respect.

Je veux être impartial, et je me demande si je ne peins pas *con amore*, comme disent les Italiens..... Je crains que si, et je me hâte d'en avertir mes lecteurs, afin qu'ils se tiennent sur leurs gardes, si cela leur plaît. L'affection n'est pas impartiale, et je confesse au lecteur que j'ai voué aux jeunes époux une affection profonde; mais que le lecteur m'accorde à son tour que pour éprouver cette affection j'ai dû voir et admirer en eux des qualités éclatantes... Et qui doute qu'ils ne les possèdent? Ah! si le noble caractère de Don Carlos ne se fausse pas (et que Dieu veuille ne pas le permettre!), suivant l'aveu d'un illustre modéré, Don Carlos sera le roi le plus populaire et le plus aimé que jamais ait eu l'Espagne. J'espère en Dieu qu'il ne changera pas. Nos garants sont l'éducation chrétienne qu'il a reçue, cette candeur de cœur et cette maturité de jugement qui s'unissent heureusement en lui, les prières de sa pieuse mère et le constant exemple de sa douce, tendre et très-vertueuse épouse.

Dona Marguerite de Bourbon est une enchanteresse. Je l'ai contemplée à côté du berceau de sa fille, occupée de travaux domestiques, comme Isabelle la Catholique. Entre ce berceau et son mari se trouve son univers. Combien elle est simple dans sa manière de recevoir! Qu'elle est bonne pour les pauvres! Quelle sœur de charité pour les malades! Le vieil Arévalo le sut, bien peu de temps avant de mourir, et il la bénit.... Quand elle parle, il semble que l'on voie son cœur, et il n'y a rien de plus beau au monde; quand elle parle, nous voudrions qu'elle ne cessât pas de parler, car il y a en elle un don rare, très-rare : c'est qu'elle possède une intelligence d'élite, et qu'elle l'ignore. Heureux l'homme qui l'appelle son épouse! Heureux le peuple qui la saluera sa reine!

Pour en revenir à Don Carlos, si je racontais les confidences ingénues que j'ai recueillies de ses lèvres pendant de nombreuses soirées et de longues heures, révélations parfois de pensées enfantines, peut-être mes lecteurs m'accuseraient-ils d'écrire un roman. Je dirai pourtant quelque chose qui fera connaître l'homme et deviner le roi.

Don Carlos était très jeune quand sa bonne et sainte mère, pour des raisons qu'elle dut croire fondées, s'efforça de consommer un divorce, si l'on peut s'exprimer ainsi, entre l'Espagne et le cœur de son fils, pour donner ce cœur tout entier à l'Italie. Il est charmant d'entendre des lèvres du prince la relation très-animée des stratagèmes dont lui et son frère don Alphonse durent user pour déjouer innocemment les projets de leur mère, fréquenter des Espagnols, savoir les nouvelles récentes de l'Espagne et apprendre les antiques et vieilles chroniques d'Aragon et de Castille. A quinze ans à peine, il écrivit un essai sur le Cid Campeador et sur don Jaime d'Aragon, ses héros de prédilection. Il a laissé son travail à Gratz, et il m'offrit de le demander pour me le faire lire, m'avertissant qu'il était mal écrit, ce qui, j'en demande pardon à Sa Majesté, est fort possible. Mais ce qui est certain, c'est que Don Carlos, pour la noblesse de son maintien et l'ampleur de son énergie, peut se comparer au triomphateur aragonais, et qu'on trouve en lui toutes les qualités qui ont fait des héros espagnols les premiers chevaliers du monde.

La mère, dans sa lutte contre la résistance de son fils, en vint à ce point de vouloir lui faire prendre un confesseur italien; mais le jeune prince de seize ans cherchait furtivement des prêtres espagnols, et se jetait seulement aux pieds de l'Italien pour lui avouer, sous le secret de la confession, « qu'il ne voulait pas se confesser à lui ».

Je ne sais si je devrais écrire ces choses; mais lorsque je réfléchis et que je considère la persistance de volonté qu'il a fallu récemment à don Carlos pour résister à la volonté de toute sa famille, à l'exception de la princesse de Beïra, pour venir à Paris, afin d'être plus près de nous : et lorsque je le vois aujourd'hui nuit et jour occupé et préoccupé de ce qui se passe en Espagne; aujourd'hui comme hier et comme toujours gardant vivant dans son cœur et dans son esprit l'amour et, le dirai-je? la *manie* de l'Espagne, je me prends à penser et à croire que ce jeune homme est prédestiné par Dieu à être notre roi bien-aimé.

Il se peut qu'il soit tenté par l'attrait d'une couronne, et je l'excuse, puisque cette couronne est celle de Charles-Quint; mais ce qu'il m'a avoué et ce que j'ai compris, c'est qu'il est ému et séduit par la gloire des héros. Un homme qui est un héros et des plus valeureux qui aient existé sur la terre d'Espagne, le noble comte de Morella, me disait : « Je le connais ; il possède un cœur intrépide, il est peut-« être trop impétueux : si on lui dit qu'il faut se jeter à « l'eau, il s'y élance aussitôt la tête la première. »

Dans certaines occasions, on est contraint d'admirer la fiévreuse impatience de Don Carlos : il brûle en entendant dire que l'Espagne souffre ; il tressaille à l'idée que quelques-uns ou beaucoup l'implorent comme un sauveur ; la pensée qu'un seul Espagnol puisse imaginer qu'il est avare de son sang le tue. Le « qu'il mourût » de Corneille lui paraît tout naturel.

Dans un élan, il prononça ces paroles, que j'entendis et que je qualifie de presque sublimes : « Si je meurs, tant « mieux ; j'ai déjà dit à Marguerite de ne pas pleurer ; mon « frère recueillera la couronne teinte de mon sang : elle « n'en aura que plus de prix. »

Mais lorsqu'on met une digue à son enthousiasme et qu'on l'avertit qu'il ne s'agit pas de mourir, ni d'être un capitaine illustre, mais bien d'assurer, avec l'aide de Dieu et l'amour des peuples, le triomphe de sa cause, de sauver l'Espagne et d'être un grand roi, il s'arrête alors pour réfléchir ; l'ardeur diminue, le calme prend le dessus, et il parle enfin, non plus en homme qui aspire à devenir un héros, mais en homme de gouvernement.

Il croit très-fermement que la loi fondamentale l'appelle au trône, et là-dessus il n'admet pas de contradiction ; mais j'ai remarqué avec bonheur qu'il considère son droit comme une obligation : « Je voudrais, me disait-il, être né dans « une autre condition, pour être général de cavalerie ; mais « puisque je suis né roi, mon devoir est de sauver l'Espagne « ou de mourir pour elle. »

Et il ajoute avec enthousiasme : « Je donnerais la moitié « de ma vie pour passer une revue de l'armée espagnole! « Elle s'est *prononcée* plus d'une fois, et c'est une chose dé- « plorable, mais elle s'est prononcée parce qu'elle n'avait « pas un roi. Le soldat espagnol est le plus patient et le « plus vaillant du monde. » Et, à ce sujet, il rappela la guerre civile et la gloire des chefs de l'un et l'autre camp; puis la guerre d'Afrique et les gloires du Callao. Il a une haute opinion de quelques généraux encore vivants, et professe une grande estime pour le défunt duc de Tétouan en tant que militaire. De Mendoz-Nuñez il m'a dit : « C'est un « grand homme! »

Il aime et vénère, bien entendu, les nobles restes de cette héroïque armée qui a combattu pour son aïeul. Ayant à ses côtés les généraux Elio et Ceballos, types de loyauté, il voit tous les jours des exemples insignes de fidélité qu'il admire, et d'adhésion qui l'attendrissent. Souvent arrivent à la modeste maison de la rue Chauveau-Lagarde des vieillards qui auraient pu adhérer au traité de Bergara et devenir colonels ou généraux, vivre ensuite dans l'aisance ou même dans l'opulence, et qui ont préféré pourtant, pour rester courtisans du malheur, gagner (je les ai vus) un mince salaire, et peut-être tendre la main et demander l'aumône.

Le maréchal Arevalo vivait presque de charités. J'ai déjà dit que Doña Marguerite le consola, et qu'il la bénit; maintenant j'ajoute que quand Don Carlos l'embrassa à son lit de mort, le vaillant guerrier se mit à pleurer.

Un jour il entra dans la maison un de ces vieillards, qui arrivait d'une province d'Espagne; je l'entendis prononcer ces paroles, qu'on devrait écrire en lettres d'or sur des tablettes de bronze, et que j'écris sur ce fragile papier, espérant qu'elles se graveront dans tous les cœurs espagnols :

« Je viens, dit-il, me mettre aux ordres de Don Carlos. Mon « père et deux de mes frères moururent pour son aïeul sur « le champ de bataille ; *nous ne restons plus que trois frères « pour mourir.* »

Nous ne sommes plus que trois frères pour mourir ! quelles paroles et quel cœur !

Lorsque je vois de tels hommes, je tourne le dos aux grands de la terre, et je me découvre comme si je passais devant l'honneur.....

Mais Don Carlos, qui garde la mémoire de toutes ces grandeurs, comprend parfaitement qu'il doit être roi de tous les Espagnols, le représentant de la monarchie chrétienne contre les démagogues impies, le représentant de la monarchie espagnole contre des aspirants étrangers.

Dans mes longues conversations sur la politique, je lui ai ouï dire des choses que je pensais depuis longtemps, choses naturelles certainement pour son cœur droit et sa claire intelligence : oublier le passé et ses erreurs ; mettre la responsabilité des faits les plus tristes sur la difficulté et la calamité des temps ; parler au peuple la langue de la vérité, la seule qu'il comprenne et qu'il aime ; établir un gouvernement essentiellement espagnol, élevant, suivant la pensée de Balmès, sur les bases antiques, l'édifice grandiose dans lequel pourront se mouvoir toutes les opinions raisonnables et tous les intérêts légitimes : tels sont la pensée, le désir et le projet de Don Carlos de Bourbon et d'Este.

Il me disait un jour, avec beaucoup de grâce : « On dit « que quelques personnes s'imaginent que je dois aller en « Espagne en habit de moine : je porte une redingote, « comme tu le vois, et même je m'efforce d'être élégant... « Un roi, ajouta-t-il, pour régner en Espagne, a besoin du « concours de tous les hommes de probité et de mérite ;

« sans eux, il est plus facile de monter sur le trône que de « s'y maintenir. » Cette dernière pensée est digne, à mon sens, d'une profonde méditation.

Il m'a parlé mille fois, comme on peut le supposer, de nos écrivains catholiques, et avec des éloges très-mérités; mais il sait aussi rendre justice à des hommes politiques dévoués à Doña Isabelle. Il estime beaucoup l'intelligence remarquable de Bertran de Lis, sa droiture et son intégrité. Je l'ai entendu aussi louer les conclusions d'une brochure élégamment écrite par le comte de San-Luis, auquel il croit du cœur et du talent. J'ai dit « les conclusions », parce que, si ma mémoire ne me fait pas défaut, telles furent ses paroles : « Je l'ai lu avec plaisir, parce qu'il est fort « bien écrit; il m'a semblé qu'on pouvait approuver les « conclusions, et je l'ai dit à Ceballos; mais il m'a paru qu'il « y avait quelques équivoques dans la partie historique (*sic*); « là apparaît l'homme de parti... » Je le confirmai dans cette opinion, soit dit sans offenser le comte de San-Luis, personnage qui m'est sympathique.

Un autre jour, parlant de deux brochures, l'une de M. Tejado, écrivain brillant et profond, et l'autre de M. Altamirano, que je ne connais pas, mais que je salue dès à présent comme un esprit ingénieux et d'intentions très-droites, et aussi à propos du fameux article *l'Homme nécessaire*, de Villoslada, le grand journaliste, nous eûmes une conversation très-longue et très-approfondie sur la future constitution espagnole. Don Carlos était d'avis que tout a été détruit en Espagne et que tout est à refaire, puisque les anciennes institutions sont tombées sous le coup de la révolution et que les nouvelles sont mauvaises, outre qu'elles sont l'œuvre d'un parti. Si Philippe V ressuscitait, il ne pourrait être roi comme il le fut de son temps. Il n'y a déjà plus en Espagne ni clergé ni noblesse avec de grandes propriétés; il n'y a plus de conseils avec leurs anciennes traditions, disant aux rois : *Non*, plus souvent que les cortès ne l'ont dit aux ministres constitutionnels. Il n'y a pas de magistrature réellement inamovible qui sache prononcer ces paroles : « Se obedece y no se cumple » (1); il n'y a ni communautés ni corporations, vigoureuses associations d'hommes du peuple, vêtus d'habits religieux ou civils; il n'y a plus de franchises provinciales ni de libertés communales : en Espagne, il ne reste plus qu'un trône et le peuple.

Don Carlos, qui est profondément religieux, quoiqu'il ne parle pas beaucoup de religion, croit avec nous tous, avec Guizot et Palmerston, les deux grands ministres des derniers temps, que l'unité catholique est le bien le plus précieux, le lien d'union le plus enviable et la gloire la plus splendide de l'Espagne. « Si je suis roi, dit-il, je ne consen-« tirai, ni directement ni indirectement, qu'on attaque la foi « de nos pères; l'Église sera libre; la doctrine de l'Évangile « doit vivifier nos institutions et nos lois. Si j'étais Anglais « ou Français, il est clair que j'admettrais et conserverais la « liberté des cultes et la tolérance religieuse; mais ce qui « se fait en ce moment est absurde. Je crois qu'il n'y aura « pas de protestants en Espagne; et s'il y en a quelques-« uns, qu'ils le soient dans leur maison, parce que, quant « à cela, oui, la demeure d'un Espagnol doit être respectée, « et chaque Espagnol dans sa maison est roi. » Ceci en substance. La phrase « Chaque Espagnol est roi dans sa maison » rappela à sa mémoire notre fameux Rojas, et : « Qu'elle est

(1) Cette phrase répond à celle-ci, proverbiale en France : « *La Cour rend des arrêts, et non pas des services* ».

« bonne, dit-il, notre ancienne comédie *Del Rey abajo* « *ninguno!* »

Survint alors dans la conversation une personne très-digne, qui assistait à la conférence, et qui, s'adressant à moi, me dit : « Vous vous étonneriez bien si vous voyiez les « lettres qu'écrivent quelques libéraux, dans lesquelles ils « demandent au roi si, au cas où il monterait sur le trône, « il annulerait la vente des biens de l'Église et rétablirait la « dîme et jusqu'à l'Inquisition. Le croiriez-vous ? » — Je suis « guéri de l'étonnement, répondis-je ; Salomon l'a dit : *Stul-* « *torum est infinitus numerus*; ce qui, pour vous qui ne « savez pas le latin, signifie en espagnol : Le nombre des « sots est infini. » On rappela alors les concordats, disant que, si la révolution insensée les détruit, un roi légitime doit les respecter ; on répéta la phrase déjà célèbre, que le roi ne peut être plus papiste que le pape...

Ensuite, Don Carlos nous dit et nous répéta avec une charmante candeur. « Je suis très-jeune ; j'ai étudié l'histoire « plus que les sciences politiques, et j'ai besoin de l'expé- « rience et des lumières de tous ; je sais que pour établir « une loi fondamentale je dois réunir les Cortès du royaume, « et je l'ai promis déjà dans ma lettre aux Souverains : la « loi fondamentale oblige tout le monde, et surtout le roi ; « mais il est nécessaire que le roi soit roi, et non l'éditeur « responsable des partis. Dieu sait combien les partis ont « rendu l'Espagne heureuse ! »

Pareille conversation avait quelque chose de singulier, tenue dans une petite pièce d'une modeste maison, entre un homme qui n'est pas politique et un jeune homme qui n'a que son épée et son droit. Je me trompe, il a mieux encore : l'amour de la majorité des Espagnols, et la foi qui transporte les montagnes.

Parfois, on dirait qu'il s'imagine être déjà dans son palais de Madrid et qu'il arrange sa maison. Il la monte d'une manière très-simple, presque militaire. Sa femme et sa suite ne doivent se vêtir que d'étoffes du pays ; le pays est pauvre et le roi doit être économe ; il n'acceptera que la moitié ou moins encore de la dotation qu'avait la maison royale. On diminuera aussi quelque peu certains émoluments des hauts employés ; on détruira les abus partout où on les rencontrera ; on simplifiera et on épurera l'administration...... Don Carlos est pour la décentralisation administrative, afin que la cité n'absorbe pas la vie de la nation, ni Madrid la vie des provinces. Nous en vînmes à parler de la formation des *ayuntamientos*, et le roi cita l'opinion de Toparelli, qui lui plaît : c'est que tous les chefs de famille devraient concourir à l'élection des municipalités.

Je ne me hasarderai pas à indiquer les pensées d'un roi, soit personnelles, soit acceptées par lui, sur la formation des députations provinciales et des députations aux Cortès ; mais je puis dire que le désir de Don Carlos est que dans ces députations tous les éléments conservateurs et toutes les forces vives du pays soient véritablement représentés. Je ne crains pas de déclarer qu'avec les idées qu'avait et celles qu'accepte Don Carlos, on peut faire une loi fondamentale vingt fois moins imparfaite que les constitutions libérales, et qui assure cent fois plus la paix du royaume et la véritable liberté des peuples.

Affaire ardue, question immense ! Bien des fois j'ai pensé qu'on devrait presque effacer du dictionnaire de la langue le mot impossible. Qu'y a-t-il d'impossible à l'esprit humain? L'Exposition de Paris a étonné le monde; pourtant on ira encore plus loin et on volera plus haut. L'homme, n'en doutez pas, fera presque des miracles, il en fait déjà....

mais il ne sait pas faire une bonne loi d'ordre public... C'est que Dieu l'a constitué roi du monde matériel, mais qu'il reste seul maître du monde moral.

Je dis cela par esprit de juste critique, et non par ironie, pour ceux qui prétendent que c'est chose facile à faire et toute simple que de constituer une société.

Des hommes de bien, jaloux de la gloire de l'Espagne, qui ont étudié son histoire, en partant toujours des grands principes sur lesquels depuis des siècles est assise cette antique et glorieuse société, et tenant surtout compte de tous les désastres irréparables du temps et des besoins nouveaux et légitimes qu'il amène avec lui; ces hommes, les yeux tournés vers Dieu et sur sa sainte Église, animés du désir ardent et noble de réunir en un champ commun tous les hommes de bonne volonté; ces hommes, dis-je, s'occupent silencieusement et consciencieusement de travailler à la loi fondamentale future, à la constitution de la commune, de la province, de l'État; ils la soumettront, c'est évident, au jugement du futur roi, et dans un temps prochain, si Dieu le veut, à l'approbation des futures Cortès... Oh! quel bruyant éclat de rire feront entendre quelques libéraux très-savants en lisant ces lignes! Ne riez pas, mes amis, car la prudence conseille de préparer aujourd'hui ce qui doit se faire demain, et je vous dis avec confiance que, si les pronostics ne mentent pas, Don Carlos de Bourbon et d'Este sera votre roi et notre roi; et rendez grâces à Dieu, car il sera un roi juste et bon.

Je ne veux pas quitter ce sujet sans rappeler une chose qui honore grandement le cœur de Don Carlos.

A la suite des considérations que j'ai exposées sur les réformes nécessaires en Espagne, j'appelai son attention sur l'Espagne ancienne, qui était si bonne pour les pauvres, malgré ses défauts, et je fis ressortir que la révolution s'était faite seulement au bénéfice d'une partie de la classe moyenne, mais à bien considérer, au préjudice du peuple, et surtout des pauvres et des petits. Répondant à mes paroles, Don Carlos s'écria : « Eh bien! mais j'entends qu'un « roi doit être roi pour tous et plus particulièrement pour « les humbles et les petits. — Bien! Sire, m'écriai-je, très- « bien! magnifiquement bien! C'est ainsi que je comprends « les rois, moi qui suis un monarchiste tant soit peu singu- « lier. » Nous parlâmes ensuite de la conscription, des matricules de mer et des moyens directs et indirects pour assurer autant que possible du travail aux classes pauvres et faciliter l'étude à leurs enfants qui montreraient des aptitudes, ce qui est pour moi, comme chacun sait, une ancienne manie; car je ne puis sans impatience entendre nommer *éclairés* les temps dans lesquels on vend la science, et *ignorants* ceux dans lesquels on la donnait et dans lesquels les enfants des mendiants eux-mêmes trouvaient le chemin aplani et facile pour arriver jusqu'aux plus hautes dignités du royaume.

En résumé, je connais Don Carlos de Bourbon et d'Este, et moi, fils du peuple et aimant le peuple, je me félicite de présenter cette belle espérance aux yeux de la noble nation qu'on a misérablement trompée et que l'on trompe en ce moment plus misérablement que jamais.

VI

Les Cortès viennent de s'ouvrir; sans crainte d'être démenti par le temps, il pourrait s'élever au milieu d'elles une voix lugubre qui épouvanterait les représentants de l'Espagne libérale rassemblés : « Cela s'en va, tout cela s'en va! »

Appelez d'enthousiastes Dulcamaras pour soigner le malade; le malade a son mal dans les entrailles et il se meurt... Il n'y a pas de remèdes, il se meurt... Que Prim prêche tant qu'il voudra l'union aux monarchistes! quels monarchistes! Que Rivero prêche tant qu'il voudra aux républicains! quels républicains! Quelle réunion est-ce là, grand Dieu! Quel monstrueux assemblage d'unionistes modérés et d'unionistes révolutionnaires, de progressistes de Prim et de progressistes d'Espartero, de monarchistes démocrates et de républicains unitaires, fédéralistes, individuels et socialistes!

Ce que l'on voit là est un monstre, et les monstres, grâce à Dieu, vivent peu.

Je suis attristé en considérant la comédie qui se représente en ce moment en Espagne, et je suis encore plus attristé en prévoyant le dénouement.

Conformément à la nouvelle doctrine et aux antécédents libéraux (dont les archives de l'école sont très-riches), la révolution contre Isabelle II et l'ordre de choses existant était très-possible; plus encore, pour des raisons d'un ordre très-élevé, cette révolution était fatale, et peut-être nécessaire; mais il y avait en Espagne trois hommes qui loyalement ne pouvaient pas faire cette révolution, et ces hommes s'appellent Prim, Serrano, Topete.

Quand je me rappelle que le ministre universel de 1849 est le premier qui signa le manifeste de Cadix, et que c'est lui qui, d'un revers de son épée, à Alcolea, a brisé la couronne d'Isabelle II, je ne sais pourquoi il me vient à l'idée que Satan est non-seulement un esprit infernal, mais encore un horrible bouffon...

Voyez ces hommes placés au sommet du pouvoir! Ils ont réuni pour quelques jours les armées de l'unionisme et du progressisme, autre union libérale du genre grotesque! Ce qui les réunit, ce n'est pas l'amour, c'est la crainte.

Ils ne peuvent pas s'aimer, car il y a entre eux des comptes sanglants à régler : la canonnade de 1856, les fusillades de 1866. Mais ils ont peur; ils ont peur de la démocratie, qu'ils sont en train de tromper en ce moment. Heureusement que leur courage se soutient, grâce à la dédaigneuse protection de l'alcade de Madrid.

Les ministres provisoires commencent déjà leur expiation; déjà ils ne croient plus qu'ils sont l'objet de l'*admiration de l'Europe;* déjà leur propre conscience les tourmente pendant les heures silencieuses de la nuit; ils pressentent la tempête prochaine et ils tremblent, et, s'ils pouvaient lire clairement les pages que leur réserve l'histoire, peut-être ils pleureraient.

Ils me font pitié, ces héros de la représentation, Prim, Serrano et Topete! Quant aux comparses..., rien, n'en disons rien.

Donc, ces hommes qui crièrent : A bas ce qui existe! n'apportaient, on le voit, dans leur étroit cerveau, aucune idée pour remplacer ce qu'ils détruisaient. Éblouis par le côté *chevaleresque* de leur exploit, ils mirent la main sur un drapeau qu'ils trouvèrent à Cadix ou à Séville. Ce drapeau appartenait aux démocrates, et, sur ce drapeau, les docteurs de l'école, qui ne savent ce qu'ils disent, écrivirent tous les droits qu'ils appellent naturels et qu'ils supposent de droit strict. Triste plagiat d'un autre homme et d'autres temps! Le comte de Lucena, qui avait plus d'importance que Prim et Serrano, entra un jour sous la tente des progressistes et leur enleva leur bannière; les progressistes ne le lui pardonnèrent pas... De même, la démocratie ne pardonnera pas à Prim et à Serrano d'avoir pris son drapeau et d'être montés grâce à lui au sommet de la montagne, en laissant les maîtres légitimes de cette bannière dans le fond de la vallée. Plaisanterie de mauvais goût, insolence intolérable! ces ministres ont osé mettre une ombre de couronne sur ces droits « absolus et imprescriptibles ».

A qui vint jamais l'idée que le peuple, étant roi, accepterait un roi? Ou qui a pu rêver qu'une monarchie, avec ses attributs essentiels, puisse vivre trois mois au milieu du fracas des libertés que supposent ces droits absolus?

Sous de pompeuses paroles se cache une infâme fourberie : tous le comprennent et se préparent à la grande bataille.

Le gouvernement provisoire se trouve aujourd'hui, avec ses légions mal unies, en face de la démocratie triomphante dans les villes les plus populeuses de l'Espagne. Elle possède les conseils municipaux, et elle a à ses ordres, sous le nom de volontaires de la liberté, l'armée de la république.

Prim craint que l'unionisme ne le renverse dès qu'il le pourra ; Serrano craint que le progressisme, dès qu'il le pourra, le jette dans la rue. Ils craignent tous deux que le plus grand nombre de leurs soldats actuels ne s'en aille bientôt grossir les rangs de la démocratie....

Aujourd'hui, les *provisoires*, espérant renforcer leur parti, vont cherchant de toutes parts pour le trône vide un roi d'occasion, et, ô honte! ils ne trouvent pas ce roi! Ils ne trouvent pas un roi pour le trône de cette Espagne qui fut maîtresse des deux mondes! Ces hommes qui ont montré tant de courage contre les religieuses et qui ont eu assez de force d'esprit pour biffer les concordats hésiteront devant un froncement de sourcil de la France ou la mauvaise humeur de l'Angleterre. Ils ont renversé une reine, et ils demandent un roi avec beaucoup d'empressement. Mais il n'y a pas de roi, ô monarchistes fervents! il n'y a pas de roi! Combien l'ange déchu, le premier révolutionnaire du monde, doit rire de ces pauvres gens!

Supposons qu'avec le consentement de la France et de l'Angleterre, les ministres provisoires trouvent enfin quelque infortuné qui consente à accepter le poste de roi, poste très-dangereux, quoique bien rétribué : ils discutent cet homme, et ils ont enfin la chance et la bonne fortune de le faire sortir de l'urne avec une petite couronne sur la tête. Quel roi ce sera, mon Dieu ! quelle ombre de roi ! Combien durera en Espagne, dans la catholique et révolutionnaire Espagne, cette ombre de roi?

Et nulle force humaine ne peut l'éviter : ce petit roi devra entrer de suite en lutte ouverte avec la démocratie; il n'y a pas de roi possible à Madrid avec un ayuntamiento souverain et une armée populaire à Cadix, Séville, Malaga, Saragosse, Valladolid, Barcelone et Valence.

Il faut en venir aux mains. Si le roi triomphe, par la force inévitable des choses il se fait dictateur. L'Espagne ne supportera pas trois mois un oppresseur étranger et se lèvera tout entière contre lui. Il ne lui restera qu'une garde prétorienne, qui un soir se couchera amie du despote et s'éveillera le lendemain vengeresse du peuple.

Si au contraire la république triomphe, par la force des choses la république s'appellera anarchie ou socialisme; et le peuple espagnol, dans son immense majorité, s'agitera et se soulèvera, parce qu'avant tout il faut vivre, et qu'on ne peut vivre sans la paix et l'ordre.

Aveugle celui qui ne voit pas que la question d'Espagne ne peut avoir qu'une de ces deux solutions: dictature et force brutale, ou république et anarchie. Heureusement que l'une et l'autre solution ne seront que passagères, et que bientôt arrivera une autre solution définitive, car l'Espagne ne doit pas mourir.

Le roi ou ce gouvernement, s'il triomphe, s'érigera en dictateur, parce qu'après une grande bataille civile, le vainqueur doit le devenir forcément, ne pouvant exister au milieu du déchaînement des libertés populaires. Si la république triomphe, elle deviendra anarchie et socialisme, parce que, l'ombre d'autorité qui résistait encore étant détruite, la multitude entrera en pleine possession de sa turbulente souveraineté; car il n'est pas convenable que des milliers de petits souverains s'habillent de haillons et mangent un pain noir et insuffisant. Le libéralisme, depuis 1833, s'est permis contre la propriété des attaques que je ne veux pas rappeler ici; en attaquant l'Église catholique, il a éloigné de Jésus-Christ les populations: comment ne voit-il pas que, du moment où ceux qu'on appelle les déshérités ne croiront plus qu'il leur est réservé au ciel une part d'héritage, ils se hâteront d'en chercher l'équivalent sur la terre?

Le cœur saigne en pensant aux maux de l'Espagne. Je donnerais tout le sang de mes veines, goutte à goutte, pour éviter tant de douleurs à ma patrie bien-aimée. Mais il n'y a pas de remède; une force mystérieuse nous pousse, et une voix fatidique nous crie: En avant! en avant!

La révolution a commencé son œuvre en égorgeant des prêtres, ministres de Dieu, enfants du peuple; la révolution finira..... O mon Dieu, ne pourrai-je écarter ce calice d'amertume des lèvres de notre malheureuse Espagne?

J'ai dit plus haut: « Mais, après ces grands troubles, qui rétablira l'ordre en Espagne? Après la grande désolation, qui réunira en Espagne tous les éléments conservateurs? Qui lui donnera un gouvernement stable, et la paix désirée, et la véritable liberté? »

L'expérience, la raison, le sens commun, répondent à ces questions: Seule la monarchie chrétienne peut opérer ce prodige.

C'est certain; mais la monarchie suppose un roi: qui sera ce roi?

Les siècles futurs apprendront avec étonnement qu'à l'heure qu'il est il y a encore des hommes de bonne foi qui rêvent que ce souverain pourra être Dona Isabelle II restaurée, ou son fils Don Alphonse, enfant de onze ans.

Quand ces lignes paraîtront, l'Espagne aura déjà lu une brochure, profondément méditée et remarquablement écrite, dans laquelle M. Tejado prouve que ni la mère ni le fils ne peuvent représenter en Espagne cette monarchie chrétienne qu'il faut sauver, et que celui qui seul peut la représenter est celui que les révolutionnaires eux-mêmes appellent le roi légitime : Don Carlos de Bourbon et d'Este.

Que notre auguste reine Isabelle me permette de lui adresser la parole. Mon cœur me porterait à me faire le courtisan de Sa Majesté déchue, pour apporter quelques consolations à sa solitude, mais il serait cruel de flatter des espérances qui, si elle en a, ne peuvent être que de trompeuses illusions.

Quiconque dit que l'auguste princesse peut se rasseoir reine sur le trône espagnol la trompe ou se trompe.

A tout prendre, ce n'est pas la révolution qui a renversé le trône; à sa seule approche, le trône s'est écroulé. Or, le monde n'a jamais vu se relever des trônes ainsi tombés.

Dans un manifeste qu'a signé Isabelle II, elle a avoué, triste aveu ! qu'elle avait été *congédiée*.... Pour moi, je ne retourne pas dans une maison d'où on m'a congédié, et je pense qu'il est permis aux rois d'avoir autant de fierté qu'un obscur enfant du peuple.

Doña Isabelle n'est pas entrée en France comme son oncle, accompagnée de toute une armée : elle y est entrée seule et délaissée, comme un monarque non vaincu, mais congédié....

Si elle est tombée quand son armée était à ses ordres, comment pourrait-elle rentrer ? A moins que tout un peuple ne vînt la chercher, pour la porter en triomphe sur ses épaules; et où est ce peuple ?

Le peuple espagnol est ou révolutionnaire ou catholique :

celui qui est révolutionnaire l'a congédiée et insultée, il n'ira pas la chercher; celui qui est catholique la plaint et la respecte, mais il ne peut aller la chercher, car il a son roi.

Et s'il était possible qu'elle redevînt reine d'Espagne, que pourrait représenter cette princesse, qui est pieuse, mais dont le nom est tristement mêlé au souvenir de toutes les persécutions infligées par une révolution impie au catholicisme en Espagne? Que pourrait-elle représenter, et surtout à qui pourrait-elle se fier, elle trompée naguère par tant de monde?

Arrivée au trône encore enfant, elle crut de bonne foi et dut croire que la loi fondamentale l'appelait à être reine d'Espagne. Il n'en était ainsi ni selon l'opinion de l'Espagne révolutionnaire, ni selon l'opinion de l'Espagne royaliste. Ferdinand VII, entraîné par l'amour des siens, avait mis d'une main mourante le sceptre dans le berceau d'Isabelle, et constitué Marie-Christine gardienne de ce berceau et de ce sceptre.

La révolution applaudit d'abord cette mère, puis, au jour de son triomphe, elle la siffla.

La révolution adopta la fille, qui, quoique bonne et pieuse, en vint pour lui plaire jusqu'à reconnaître le royaume d'Italie. Alors, dans les Cortès, un homme se leva et dit : « Adieu, femme d'York, reine des tristes destinées! » Il la saluait, parce qu'il la voyait sur le point de partir. La révolution l'a forcée brutalement à hâter son voyage.

Princesse vraiment à plaindre, s'il lui était possible, pour quelques jours seulement, de retourner en Espagne! Mère infortunée, si, ne fût-ce que pour quelques jours, elle pouvait voir son fils couronné roi d'Espagne!...

Courbons la tête, respectons les décrets de la divine

Providence... et pardonnez ces paroles, Madame, à un homme qui a quelque droit de les dire. Il croit l'avoir, car, tandis qu'en signe de joie les palais des anciens grands d'Espagne et ceux des hommes auxquels vous aviez conféré la grandesse s'ornaient le jour et s'illuminaient la nuit, les modestes balcons de sa pauvre maison restaient le jour dans un abandon accusateur, et le soir dans une séditieuse obscurité. Et quand la révolution triomphante fit taire la voix de vos amis et avilit la plume et le burin pour vous outrager de la manière la plus grossière, comme femme, comme épouse et comme mère, sa voix fut, sinon la seule, au moins la première à prononcer quelques paroles pour défendre la femme insultée et la reine outragée. Enfin, cet homme sait que vous avez un cœur bon, pieux et noble, que personne n'apprécie mieux ni n'estime autant que votre auguste parent Don Carlos de Bourbon et d'Este.

On ne peut penser sérieusement, en Espagne, ni à la restauration de Doña Isabelle, ni à la proclamation de son fils, enfant de onze ans.

Un enfant sur le trône d'Espagne, quelle folie!

Imaginez la régence la meilleure... en trois mois elle deviendrait une république!

Il faut à l'Espagne *un homme* de solide entendement et de grand cœur, et cet homme a besoin de l'assistance de Dieu, parce que jamais peut-être il n'y eut en aucun pays une entreprise plus hardie à tenter, ni aussi une plus grande gloire à acquérir. En montant sur le trône, les rois catholiques ont trouvé jadis des populations déchirées par les guerres intestines et poussées à la sédition par la turbulence des seigneurs; aujourd'hui elles ne sont plus seulement troublées par des ambitions et des convoitises, mais aussi par des doctrines insensées. Aujourd'hui l'anarchie est dans la maison, et l'anarchie frappe à la porte.

Ne croyez pas non plus, Espagnols, à la stabilité d'un gouvernement, quel qu'il soit, sorti des entrailles de cette révolution qui s'est nommée elle-même, par une permission providentielle, « la révolution de l'honneur ». Impossible! impossible! Si ce n'était pas impossible, il faudrait crier *miracle;* or un miracle suppose Dieu, et vous savez bien que Dieu ne protégera pas des Prim, des Serrano, des Topete, fussent-ils même en compagnie d'un Orense, d'un Castelar et d'un Rivero.

Cela s'en va, tout cela s'en va! Fixez vos regards sur le congrès, sur Madrid, sur les provinces : ne voyez-vous pas comme tout cela s'en va?

Je sais ou je crois savoir que ceci, qui s'en va, pourrait durer encore quelque temps pour le plus grand malheur de l'Espagne. Cela pourrait durer, si l'impatience s'aventurait aujourd'hui à déployer dans les campagnes un certain drapeau. Telle est ma loyale et intime conviction. C'est pour cela que j'écrivais il y a peu de jours, dans un journal catholique, quelques lignes qu'il ne me paraît pas tout à fait oiseux de reproduire dans cette brochure.

« Croyez-le bien, messieurs les rédacteurs de *la Régénération*, et que le peuple espagnol le croie aussi : il existe un mauvais esprit révolutionnaire qui s'efforce d'entraîner l'Espagne dans une guerre plus que civile; or, puisqu'il s'acharne à cette guerre, il faut faire tous nos efforts pour ne pas le satisfaire.

« Criez cela sur tous les tons et à toute heure : *opportune, importune*, comme disait l'apôtre.

« Aujourd'hui le courage s'appelle patience; et ces paroles devraient être comme l'épigraphe obligée de tous les écrits religieux et monarchiques.

« Il faut une grande force d'âme pour tout souffrir; mais il convient de savoir souffrir.

« Que personne n'interrompe le drame dont Dieu permet la représentation en ce moment en Espagne! Ce drame grotesque et horrible a un but essentiellement moral; quand ils auront terminé leur rôle, les acteurs disparaîtront.

« Les grands crimes de notre époque et les doctrines perverses, agissant tantôt comme un torrent impétueux et tantôt comme des infiltrations lentes, sont parvenus à troubler la raison d'une bonne portion du peuple espagnol. Cette partie de la nation a besoin d'un grand enseignement, comme nous tous avons besoin d'un dernier châtiment.

« Après cela, les nuages disparaîtront et le soleil reparaîtra radieux.

« Cela s'en va, disait jadis un de nos amis, et cela s'en est allé.

« Donc la révolution qui gouverne aujourd'hui se déchirera elle-même, surtout si on ne lui fournit pas d'aliment par une guerre civile; et après avoir accompli, à son insu, un mandat terrible et mystérieux, elle tombera, abhorrée et déshonorée aux yeux de l'univers.

« Par le Dieu saint, et par tous les saints du paradis, qu'on n'interrompe pas les hommes qui sont en train de représenter ce drame. Pour moi, si j'étais journaliste, je rendrais compte dans mon journal de toutes les horreurs de cette pièce et de toutes les infamies de ses auteurs, simplement, véridiquement, comme si j'étais la postérité, qui, juge impartial, doit nous juger tous.

« Dans ce drame, il y a, comme dans quelques-unes de

nos anciennes comédies, un personnage muet. Quand viendra l'heure, qui ne tardera pas beaucoup, il ne dira qu'une seule parole, et les lumières s'éteindront, et les astres disparaîtront comme par enchantement, et nous resterons tous à regarder le ciel, en nous écriant Il y a encore un Dieu là-haut!

« Il faut maintenant que tous les hommes catholiques, et ceux qui ont combattu sur un champ quelconque et sous quelque drapeau que ce soit, cherchent à se rapprocher et à s'entendre. O mes frères! oubliez le passé, occupez-vous seulement des douleurs de l'Église et de la patrie. La croix, qui sauva l'ancien monde, était aussi sur les étendards espagnols quand ils parcoururent triomphants le nouveau monde.

« Maintenant les Cortès vont s'ouvrir. Il n'y a pas eu de libérté dans les élections; le parti républicain même a dit que le congrès ne pouvait être considéré comme l'expression véritable du peuple espagnol. Le parti républicain a parlé et parlera de manœuvres et d'influences immorales; d'autres ont appris à connaître le fouet ignoble, la prison obscure, et quelques lamentables équivoques de la justice elle-même. Eh bien, puisqu'il en est ainsi, laissez les vainqueurs régler en paix les affaires de l'Espagne.

« Il est vrai que l'on va parler de l'unité catholique. Grand Dieu! ne faut-il pas lutter contre ceux qui veulent nous enlever cette gloire et ce bonheur que Guizot admirait et que Palmerston nous enviait?..... Quelques personnes le croiront; mais, selon moi, elles se trompent. Le grand Romero Ortiz a déjà résolu cette grande question; s'il veut encore l'agiter devant les Cortès, qu'il le fasse! Que progressistes et démocrates en parlent jusqu'à en perdre la voix; mais que l'Espagne catholique réponde par un silence absolu!

« Tout au plus voudrais-je qu'une voix s'élevât pour exprimer simplement les vœux des communes qui demandent la conservation de l'unité, et pour raconter sans phrases comment la violence et l'intimidation ont empêché les autres de faire arriver leurs plaintes jusqu'aux représentants de la nation espagnole.

« Cette révolution donne à rire au monde et le scandalise. Le peuple espagnol est encore grand et noble ; elle, elle est rachitique, souillée, immonde et hideuse.

« Dernièrement j'ai lu dans un journal qu'un gouverneur de province, devenu fou, avait mis un espion au pied de chaque chaire. Le fait est-il exact? Dans ce cas, je voudrais que les prêtres, en y montant, se bornassent à lire la Passion de Notre Seigneur Jésus-Christ ou quelques passages des Actes des apôtres, et rien de plus....

« Monsieur le gouverneur le permettra-t-il? ou le gouvernement, qui tient tant à protéger l'Église, s'offensera-t-il?..... Un laïque ne peut guère parler de ces matières; mais ce que je puis bien dire, c'est qu'un jour viendra, et ce jour n'est pas éloigné, où les prêtres devront aller de porte en porte demander un morceau de pain à leurs fidèles; il pourra bien arriver aussi, et plus tôt qu'on ne le pense, que les curés seront contraints de fermer les églises et d'en porter les clefs aux alcades.

« Il est probable que la révolution rugira alors, mais elle en sera coupable devant Dieu et devant les hommes.

« Oui, les Espagnols verront se fermer les églises dans lesquelles leurs enfants ont été baptisés, où la parole divine a béni leurs mariages, et où après leur mort ils comptaient trouver les prières de notre sainte Mère.... Mais le jour où les églises se fermeront, la révolution tombera frappée à mort.

« Pas de guerre civile! et, si l'on peut, pas même un cri d'indignation! — Que tous seulement ouvrent les yeux et prêtent l'oreille, car ce spectacle sera grand et Dieu nous le donnera pour nous instruire et nous corriger. Je prends les spectateurs en pitié, car ils auront beaucoup à souffrir; mais je plains bien davantage les acteurs, qui s'amusent aujourd'hui à jouer des rôles de seigneurs et presque de rois.... Pauvres acteurs! pauvres acteurs! Que Dieu ait pitié de vous.... et des autres aussi! »

Ce que j'avais écrit alors, je le réimprime aujourd'hui.

Oui, le courage s'appelle maintenant patience; la politique aussi s'appelle patience.... Prenez patience, et vous éviterez à l'Espagne beaucoup de douleurs; prenez patience, et vous n'en arriverez que plus vite au terme désiré; patience enfin, et vous rendrez plus facile l'établissement en Espagne d'un ordre de choses stable et à l'abri des tempêtes révolutionnaires qui souffleront sur l'Europe...... Encore un peu de patience! encore un peu de temps!

A considérer les événements des hauteurs de la saine philosophie ou, pour mieux dire, de la foi catholique, l'Espagne a encore besoin d'une leçon et d'un châtiment.

Le peuple espagnol m'apparaît comme divisé en trois groupes. Le premier conserve le feu sacré de ses pères; il est prêt à verser son sang pour la foi. Le second est catholique, mais, attiédi par le libéralisme ou retenu par la peur, il tient sa foi et son patriotisme cachés au plus profond de sa demeure. Le troisième groupe est catholique aussi, mais il est séduit et enivré par de fausses doctrines et des promesses aussi mensongères que brillantes.

Je puis vous l'affirmer, les égoïstes et les peureux n'en ont pas pour longtemps: la révolution les fera sortir des réduits où ils se cachent, et nous les verrons courir épouvantés par les rues, en criant : « On ne peut plus vivre ainsi ! » — Je vous assure aussi que ceux qui sont trompés verront bientôt de leurs yeux et toucheront du doigt la fausseté des doctrines et la vanité de toutes les promesses : au lieu du monde enchanté qu'ils avaient rêvé, ils ne trouveront qu'un séjour infect ; ils se souviendront, comme l'enfant prodigue, de la demeure paternelle, et ils reviendront, pour que l'Église les reçoive dans ses bras ; humbles et pauvres, ceux-là sont les privilégiés de Jésus-Christ.

En attendant, opposons la patience à la persécution, la charité aux injures, la vérité au mensonge. La vérité ! c'est le soleil du monde moral, et c'est elle qui sauvera le monde.

Généralement parlant, les hommes ne sont pas méchants, mais seulement ignorants. Oui, dût le libéralisme se scandaliser, j'ai toujours dit et je répète que l'ignorance est notre principal ennemi, et que la lumière seule peut la vaincre et dissiper ses ténèbres.

Pour envisager les hommes avec charité, il faut tenir compte des erreurs innombrables, des préjugés sans fin, dont beaucoup sont victimes. J'aime à le confesser, le cœur de notre peuple est bon. Je l'ai écrit d'Espagne pendant que je le voyais faire sa révolution ; je l'écris encore de France, afin que l'Europe m'entende mieux : notre peuple est bon, il est noble, et son cœur vaut celui de n'importe quelle nation européenne... ; mais nous devons, maintenant plus que jamais, nous efforcer de dissiper des préjugés dont sont victimes jusqu'à des hommes vraiment éclairés, écarter des craintes ridicules de réaction insensée, faire ressortir les périls qui, grâce à la révolution, menacent la propriété et la famille, faire voir et connaître plus que jamais la religion sainte et consolante de nos pères, enfin prouver toujours et sans cesse qu'une monarchie chrétienne peut seule donner la paix au peuple, protéger ceux qui jouissent des biens de la fortune, aider et consoler les pauvres et les humbles, et procurer à tous la justice qui porte en elle la vraie liberté.....

Faisons aussi connaître le cœur noble et généreux de Don Carlos; montrons que lui, oubliant le passé, veut être le roi de tous les Espagnols, et que nous tous, nous pourrons vivre heureux et dignes sous les plis du drapeau qui a brillé à Lépante, à Pavie, à Bailen, et qui s'est encore glorieusement montré en Afrique et au Callao.

Et maintenant, j'ose m'adresser humblement à tous ceux des Espagnols qui se glorifient d'être les enfants fidèles de l'Église catholique, dans quelque camp qu'ils aient combattu et quelles que soient leurs doctrines politiques. Puisque nous sommes tous catholiques, n'est-il pas temps de nous rapprocher, de nous connaître, de nous voir?... Dans la triste prévision de ce qui devait arriver, j'ai dit un jour aux Cortès :

« Dans mon enfance, il m'est arrivé de lire, dans un livre « à peine connu, des pages qui m'ont profondément ému, « et à ce point que, malgré toutes les années qui se sont « écoulées depuis, je m'en rappelle encore, sinon le texte, « au moins la substance... Le livre dont je parle était un « discours prononcé vers la fin du XVIe siècle par le frère « Hortensio Palavicino, fameux orateur, sur le déluge uni- « versel. D'après lui, la veille de ce jour épouvantable où « le ciel devait voir la terre se convertir en un océan désert, « les hommes, savants et libres, avaient oublié Dieu, le mé- « prisaient, chantaient, dansaient et s'adonnaient à tous les « plaisirs. Alors, poursuit l'orateur, il arriva que l'horizon

« s'obscurcit tout à coup et qu'il commença à pleuvoir hor-
« riblement, à ce point qu'on croyait voir le ciel, converti
« en eau, se répandre sur la terre. Il décrit alors l'étonne-
« ment, puis la terreur, puis enfin l'épouvante des hommes.
« Pâles, effrayés, ils abandonnaient les villes, envahies par
« les eaux, et couraient vers les montagnes voisines, les gra-
« vissaient, et ne s'arrêtaient qu'aux cimes les plus élevées.
« Là se rencontrèrent des hommes qui la veille encore
« étaient des ennemis mortels; mais alors ils ne se souve-
« naient plus de leurs haines; fuyant le péril effroyable, ils
« se pressaient les uns contre les autres, se serraient, s'em-
« brassaient. Amères caresses! s'écrie l'orateur, amères ca-
« resses que celles de la nécessité! embrassements déses-
« pérés que ceux de l'agonie!... Eh bien, messieurs les
« députés, quand viendra le jour de la révolution, cette ré-
« volution sera épouvantable. Tous nous serons dans des
« angoisses cruelles; beaucoup d'entre nous se rencontre-
« ront en pays étranger; ils y mangeront un pain sans sa-
« veur; et alors... alors, messieurs, nous nous regarderons,
« et nous nous regarderons encore, étonnés, et nous nous
« dirons : En vérité, nous avions perdu la raison! Puis,
« nous rappelant les maux que l'Espagne endure par notre
« faute, nous ne pourrons contenir nos larmes, et nous nous
« jetterons dans les bras les uns des autres... Amères ca-
« resses que celles de la nécessité! embrassements déses-
« pérés que ceux de l'agonie! »

Député, j'adressais ces paroles aux députés; Espagnol, je les redis aux Espagnols. N'est-il pas temps pour tous les catholiques de se rapprocher, de s'entendre, de s'embrasser? Je voudrais la réconciliation de tous, à commencer par la famille la plus illustre et en même temps la plus malheureuse de l'Europe. Je demande à Dieu, du plus profond de mon cœur, qu'il daigne accorder cette preuve de sa miséricorde infinie à la malheureuse Espagne. Plaise à Dieu que tous les catholiques, que tous les Espagnols, se rapprochent, s'entendent et s'embrassent en criant : « Vive la religion! « Vive Charles VII roi! Vive la justice! Vive la liberté! » Et que personne ne redoute de crier : « Vive la liberté! » car la liberté est chrétienne. Seulement, tout en la conservant, nous nous sommes laissé dérober son nom par d'autres... « Là où est l'esprit de Dieu, dit saint Paul, là est la li- « berté. »

FIN

Imprimé

PAR D. JOUAUST

338, RUE SAINT-HONORÉ

A Paris

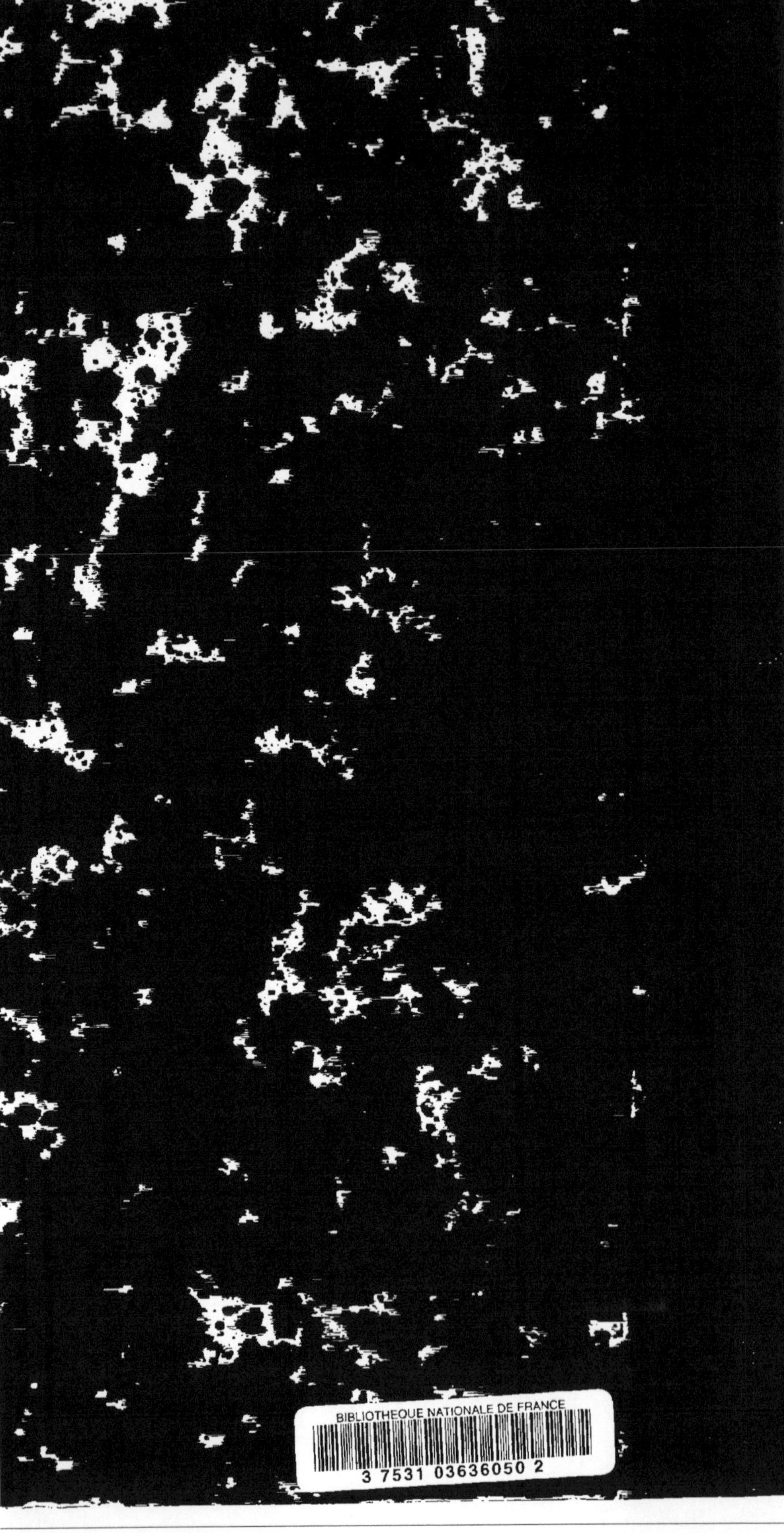

www.ingramcontent.com/pod-product-compliance
Ingram Content Group UK Ltd.
Pitfield, Milton Keynes, MK11 3LW, UK
UKHW020327250726
13967UKWH00004B/1906